書き方・添削指導の実践者が伝える

作文がうまくなる 魔法の3か条

あおぞら作文教室塾長
眞野玲子（まのれいこ）

全力舎

はじめに

みなさんは子どもの時に「作文の書き方」を習ったという記憶がありますか。実は私には、習った記憶がありません。名もなきライターとして約30年、その後半を作文の指導者として長い時間を過ごしてきました。日々悩みながら指導をし、文章を作っています。もちろんいろいろな指南書や書き方の本が出版されていることはわかっていますが、むしろ「モノマネ」してはいけないような気がして、お子様たちに対峙する時、自分なりの書き方・教え方を「あおぞらメソッド」として、常に模索してきました。まさに今、小中学生のお子様を育てていらっしゃる保護者様、または指導する立場にある先生方でも、実は同じなのではないでしょうか。

現状、日本の子どもたちへの作文の教え方に共通理論や概念はありません。だからこそ、誰もが納得できるシンプルな教え方がいま必要なのだと考え、本書の執筆を決めました。

実践者として、たくさんのお子様を指導する中で、「良い作文・うまい作文にとって大切なことはなんだろう」と自分に問い続けてきました。

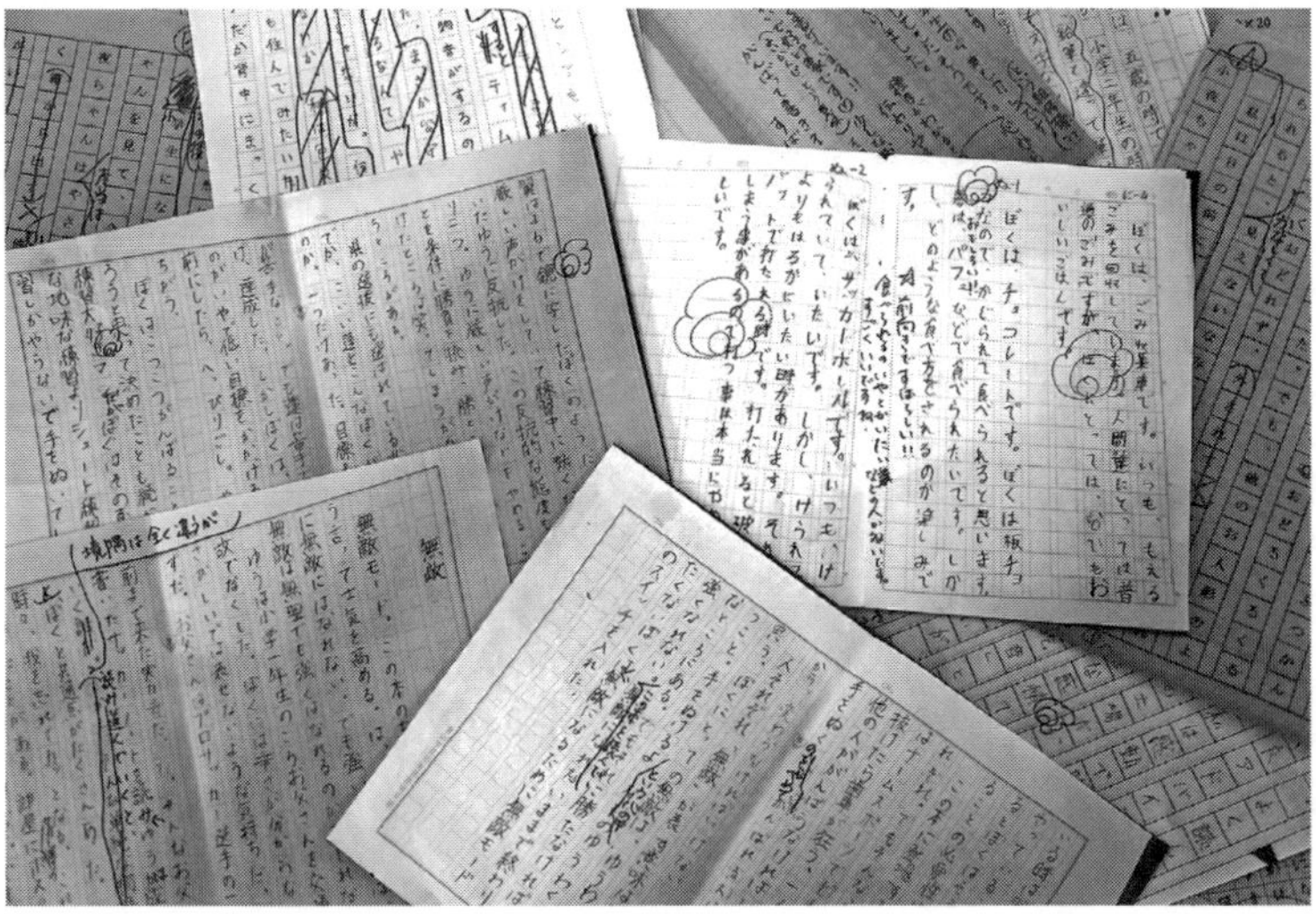

私と同世代であれば、習った記憶があるものといえば、序論本論結論、起承転結といった構成の一種や、原稿用紙の使い方程度。もちろん国文法は国語科で習っていますが、「作文の書き方」という課題の答えになっていません。**最も大切なのは、「何を書けばいいのか」。つまり、「自分の考え方や意見を、どう作文に盛り込めばいいのか」ということですが、このことを誰も子どもたちに語っていないのです。**

日記の宿題や、読書感想文、学校から出された宿題にも、書き方や模範解答がついていることはほとんどありませんでしたよね。何を書けばいいのかわからないのも当然です。

このように、作文の課題に対して、日本の教育は「どう書けば良いのか?」という答えを提示してきませんでした。もちろん、教員の皆様が指導なさってきたわけですが、日本の学校教育として「これ」という型や見本の提示はなかったはずです。だから、常に作文教育には、書く方も教える方も「これで合っているのかな?」という漠然とした不安があるのではないでしょうか。その上、現在は、「書く」というアウトプットのあり方が、日々変化しています。スマートフォン、学校教育の中のタブレット、生成ＡＩによる文章作成技術など、様々な課題が山積みです。もう、悩まないわけがありませんよね。

本書では、日々の指導の中で、お子様たちがつまずきがちな「同じようなところ」や「わかりにくいところ」を解説しました。プライバシー保護の観点で内容を変更していますが、全て実例です。ぜひ参考になさってください。**添削する側にとっても、この3か条は非常にシンプルで、どこをどう直してあげればいいのかが、すっきりクリアになると思います。**

まだまだ現場はアナログです。私は、これまでずっと、現場で子どもたちを預かる実践者として、それを模索し続けてきました。そして、子どもたちの書く力を支えるために、書くことの基本に立ち戻ったシンプルな書き方（書かせ方）のメソッドを考えました。かつ、ご本人または保護者様、指導者のための実践的なアプローチをわかりやすくまとめ、過去13年の蓄積をここに集約してお伝えします。

本来は人間が「表現する」ということは、本質的で自己形成に必要なものであり、「書く力」は伝え合うという行動の中で、培われ養われるはずの力です。いまそれが子どもたち（いや、大人たちも？）の生活から離れてしまい、ますます貴重な時間になっています。だからこそ、簡単でシンプルな「魔法の3か条」が必要です。

日本語は本当に難しいです。本書の中にあるのは、ただただたくさんの子どもたちと一緒に悩んで、どうやったら彼らが、楽しく書けるようになるのか、共に寄り添ってきた結果です。その時間は、丸13年を超えて14年目になりました。私自身は、まだまだ未熟ではあるものの、日々の経験をもとにたくさんのお子様や保護者様のお陰で本書ができました。どうか、書くことで困っている方に本書が届き、その方のお役に立てますように。それが私の喜びです。

眞野 玲子

もくじ

「原稿用紙」の使い方

通常、「題名」は一行目の四字目から記入します。

次の行に、下を一字空けて名前。姓と名の間を一字空け記入します。

本文は、はじめの一字を空けて書き始める。段落を変えるときは、内容や場面で必ず改行し、初めの一字を空ける。

符号も一マス使用。会話や強調で括弧(「」)を用い、書名には二重かぎ括弧(『』)を用いる。点線(……)は一マスに三点ずつ、二マス続けて記入。ダッシュ(—)は、二マス分貫いて記入。多用はさけること。

　　　文章を書くということについて
　　　　　　　　　学年三組　青空太郎
　ぼくは、文章を書くことが好きです。先日、
修学旅行で文豪の、谷山一郎さんが暮らした
と言われる京町家に行ってきました。一人で
はなく、班行動で三名と一緒に行動しました。
　その京町家は、京都府の登録有形文化財に
指定されていて、一九三五年に谷山の妻千春
の生家を改装して作られたものです。外国人
観光客も
「Amaging!」
などと言いながら、その美しい佇まいを見て
感激していました。年間一万三〇〇〇人が訪
れるそうです。
　その後、近くの本屋に行くと、『月の夜』
と『伏せた眼』などが大々的にディスプレイ
されていて、さすが地元だと思いました。す
っかりその時代の主人公気分で楽しむことが
出来ました。
※場所や内容は全くのフィクションです。

読点(、)や句点(。)は一字として一マス使用。句読点が次の行の一マス目にくる場合は、前の行の最後のマスに文字と一緒に書き入れる。(欄外も可)

縦書きの場合は、原則として漢数字。「1」は「一」、「86」は「八十六」。暦の場合は、「一九三五年」、「二万三〇〇〇人」、「一・五倍」など。

アルファベットを縦書きで書く場合は、原則として一マスに一字「SDGS」「NBA」。縦書きの原稿用紙に横書きで書く場合は、大文字を一マスに一字、小文字を一マスに二字記入。「Amaging!」など。

第1章

作文がうまくなる3か条

3か条でらくらく作文を書こう

たった三つを意識するだけ

たった三つを意識するだけで、本当にうまくなるのでしょうか？　驚かれるかもしれませんが、この3か条を守るだけで、まずは一段階、劇的に作文はうまくなります。うまく「見える」とも言えるのですが、見えるだけではなく、この3か条で書き換えると内容がわかりやすく伝わり、具体的に書くクセがつきます。このクセをつけることが大切なのです。添削の基準として、この3か条を常に意識して教えてあげてください。

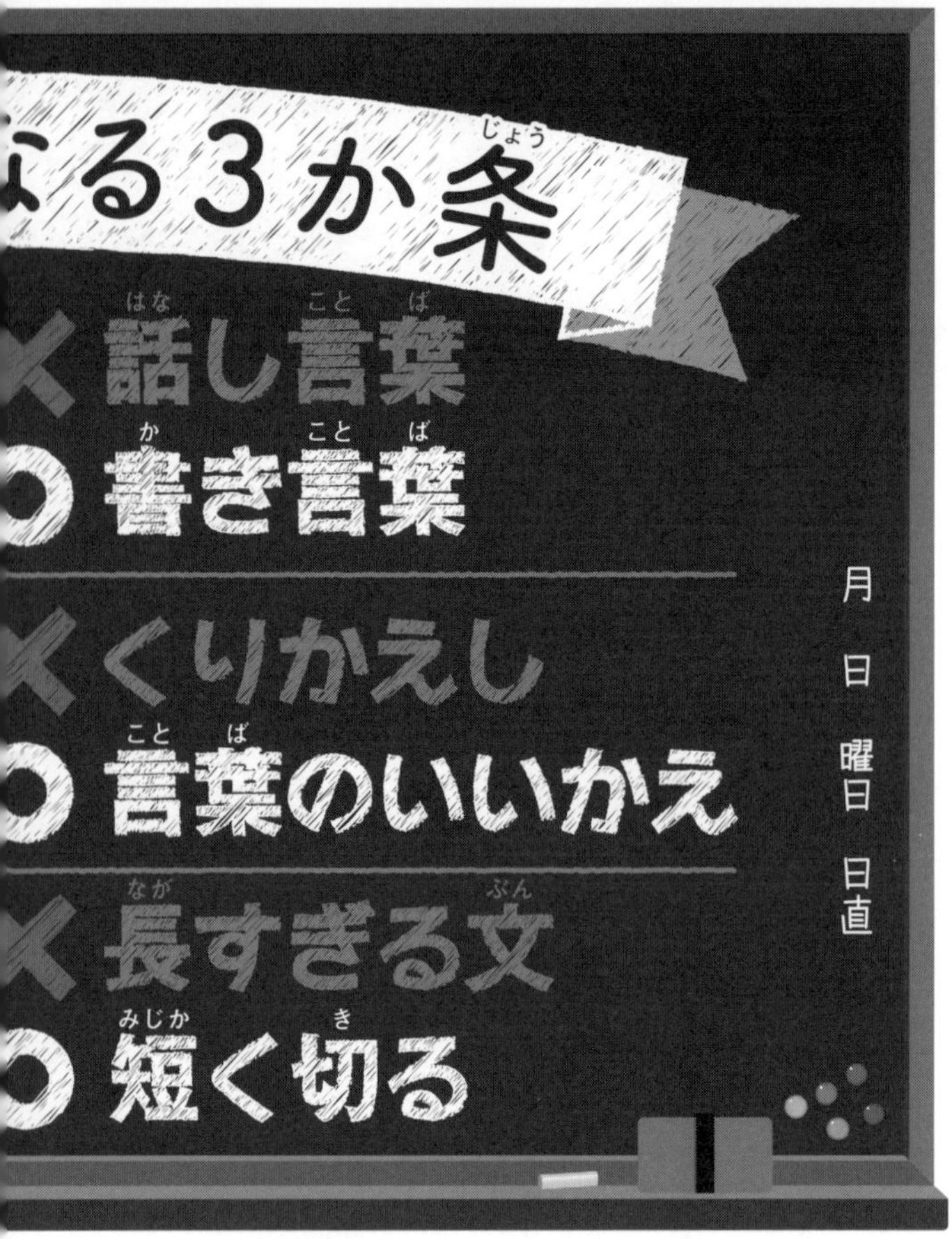

お子様がご自身でできるようになるためには慣れるまで大人の方のサポートが必要ですが、何度かサポートをしてあげると、お子様はやり方を、あまり考えることなく自然にマスターしていきます。不思議なのですが、感覚で覚えるからこそ、ルールに則って書くというよりは本物の力になるのだと私は考えています。もちろん個人差はあります。

…なる3か条

×話し言葉
○書き言葉

×くりかえし
○言葉のいいかえ

×長すぎる文
○短く切る

月　日　曜日　日直

あまり深く考えずサラサラ書く

実は、「書ける人」というのはちょっとした日常の文章を書く時に、いちいちあれこれ考えていません。私は「思

考のクセ」と言っているのですが、まずは内容より、ふと頭に浮かんだことをサラサラ書けるようにすることが重要です。止まっている時間はもったいないですもんね。とにかく、子ども時代は自由に楽しく！　書くことが一番の目的です。お子様が書いている時に寄り添いつつ、止まっていたら見本の提示をして、提案をします。

「私だったら、こう書くよ！」

「〇〇ちゃんは、テニスが得意なのよね？　そしたら、テニスのことで書いてみたらどうかなぁ？」

「この間、運動会あったって言ってたよね。そしたら、運動会の時に悔しいことあったんじゃない？」

書けずに止まっている人というのは、そこで出されているお題に、何を書けばいいのかの「判断」がなかなかできないということです。だから、判断を助ける、見本の提示をするというわけなのです。

見本の提示をして、作品ができたら3か条で添削するだけ

だからこそ、書くことに困っているお子様がいたら、大人が寄り添いつつ見本の提示をしてあげてください。そして文章ができたら、直すのは至ってシンプルにこの3か条に則る部分だけで十分です。自由に楽しく書くことが、のちの論理的思考力の成長に必ず寄与します。

1 話し言葉を書き言葉に変える

太字はすべて話し言葉です。書き言葉にかえたり、くわしく具体的にします。

今日は、お母さんとスーパーに行きました。**あと、プール**もやりました。テストに**落ちちゃった**から、好きなおかしを買って**もらえなかったです。**

小学校低学年のお子様がよく書く作文です。悪いわけではありませんが、作文としては「うまく」見えませんね。

ここに気持ちが入っていますが、表現できていない。

今日は、お母さんとスーパーに**買い物に**行きました。**そのあと、スイミングの習い事**がありました。**進級**テストに**落ちてしまったので、**好きなおかしを買ってもらえませんでした。とても**残念でした。**

プールを書きかえました。

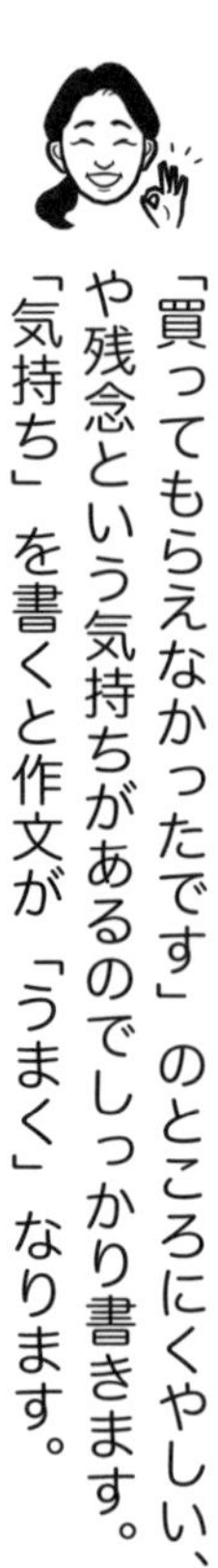

「買ってもらえなかったです」のところにくやしい、や残念という気持ちがあるのでしっかり書きます。「気持ち」を書くと作文が「うまく」なります。

作文がうまくなる3か条

1. ✕話し言葉 ○書き言葉
2. ✕くりかえし ○言葉のいいかえ
3. ✕長すぎる文 ○短く切る

太字はすべて話し言葉的な表現ですね。感想などでこのような文章がよくありますが「うまく」見えません。

今日見た演劇は、**ほんとにおもしろかったです。いろんな**人がいて、**いろいろ楽しかった**です。最後は、**なるほどって思いました。あと、**煙が**でちゃってたところもすご**いと思いました。**また、見てみたいです。**

「すごい」、何を「なるほど」と納得したのか知りたいです。

「いろんな」「いろいろ」はよく使う人がいます。詳細がわからないので「うまく」見えません。

○

今日の演劇は、**想像していたよりかなり**面白かったです。**役者さんの人数や年齢も幅が広くて、急に暗くなったり、場面があっという間に変わったりして、**ドキドキしました。最後は、**主人公が実は未来人だったというところに納得**しました。それに、**舞台の後ろから煙が出て主人公が消えたようになるところも驚きました。**また、観劇したいです。

詳しく書いているので「うまく」見えます。

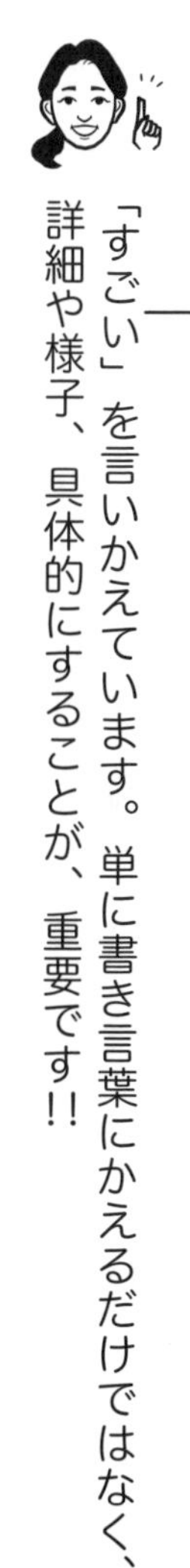

「すごい」を言いかえています。詳細や様子、具体的にすることが、重要です!!

2 くりかえしを避けて言葉をいいかえる

楽しかったが四つも!! 低学年だけではなく、大人でも、よくあるので、言葉をいいかえてください。よくあるくりかえしです。

×

昨日は、春の遠足で、上野動物園に行きました。**楽しかったです。**一番**楽しかったのは、**パンダの赤ちゃんを見たときです。**すごくならんだけど楽しかったです。**帰りのバスでは、みんなでカラオケをやりました。**楽しかったです。**

ここも、何が楽しかったのか伝わりませんね。

「ならんだけど楽しかった」では、何がよかったのか書けていません。

〇

昨日は、春の遠足で、上野動物園に行きました。一番**ワクワクしたのは、**パンダの赤ちゃんを見たときです。**三十分以上ならんだのですが、****赤ちゃんは小さくてぬいぐるみみたいにかわいかったです。**帰りのバスでは、みんなでカラオケをやりました。**先生が古いアニメの歌を歌ってくれたり、みんなで校歌を歌ったりして、**楽しかったです。

何をしたのかが明確で伝わります。楽しそうに歌っている姿が浮かんできます。うまい!!

楽しかった、というより、かわいいと思ったんですね。「小さくてぬいぐるみみたい」と思ったところが、この作文のキモです。

作文がうまくなる3か条

1 ×話し言葉 ○書き言葉
2 ×くりかえし ○言葉のいいかえ
3 ×長すぎる文 ○短く切る

確かに温暖化の話なのですが、くりかえしが多すぎます!! 一見、間違いはなくて書けているように見えますが、内容がうすい…。伝わらない文です。

今、私たちの社会には**地球温暖化**という課題があります。そこで、わたしは**地球温暖化を止めるために**必要なことを考えました。**地球温暖化**の原因は、先進国の産業を支える工場などによる二酸化炭素の排出です。だから、**地球温暖化を止めるためにも**わたしはリサイクルを頑張ろうと思います。

波線部だけが具体的な意見なのでつまらない。主張がなく合格できない文章です。

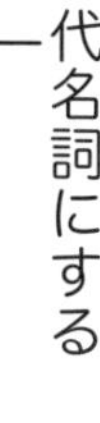

○

今、私たちの社会には**地球温暖化**という課題があります。わたしは**その**ために必要なことを考えました。原因は、先進国の産業を支える工場などによる二酸化炭素の排出です。だから、わたしは**自分のできることとして**リサイクルを頑張ろうと思います。**具体的には、お菓子の箱なども段ボールと同じように、必ず資源ごみとして出しています。**

代名詞にする

一つ目はＯＫ

「地球温暖化」この２カ所をとりました。

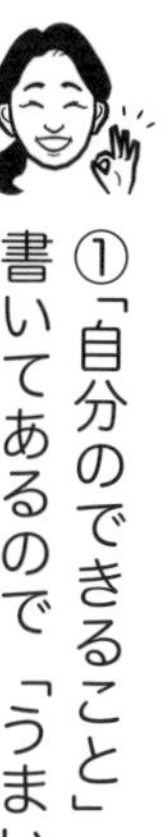

①「自分のできること」②「具体的な行動」この二つが花丸です!! これが書いてあるので「うまい」「伝わる」と思う文章に変わります!! 大切ですね。

3 長すぎる文を短く切る

すべてがつながって一文になっています!! わかりにくいですね。
たくさんの要素が入りすぎて、何を言いたいのかわからない。

わたしは、おばあちゃんのうちに行くと**いつも**、おばあちゃんが飼っているラブが**いて**、**いつもいっしょにおさんぽに行って**、帰りにおばあちゃんとアイス屋さん**によって**、メロンソフトクリームを**食べて**、**おいしいし**、**なので**、トイプードルのラブが大好きです。

くりかえしなのでとれます。

話し言葉

わたしは、おばあちゃんのうちに行くと**いつもトイプードルのラブといっしょにおさんぽに行っています。**／**その**帰りにアイス屋さんによって、みんなでソフトクリームを**食べることが多いのですが、メロンの味がおいしいです。**／ラブは**いつもわたしが行くと、しっぽをふってよろこんでくれるので、**わたしもラブが大好きです。／会うのをとても楽しみにしています。

何の話をしたいのかはじめに出しておくと、わかりやすい。

○トイプードルのラブの話　○さんぽのときに行くアイス屋さんの話
○ラブを好きな理由　○自分の気持ち
四つの文にわかれました。「うまく」なりましたね。

作文がうまくなる3か条

1. ✕話し言葉 ○書き言葉
2. ✕くりかえし ○言葉のいいかえ
3. ✕長すぎる文 ○短く切る

文が長すぎて何が言いたいのかつかみにくいです。かつ、話し口調なのでやや幼い。主張もないので「うまく」見えません。

私は、税金について考えるといつも、なぜ払わなければいけないんだろうと**思って、**でもよく母が、国民の義務だから払うことは当たり前だと**いうのですが、**ニュースでは脱税している企業が**あったりするので、すごく嫌な気持ち**になって大人は**ちゃんとして欲しい**と思います。

文を切り、具体的にします。

○

私は、税金についていつも、なぜ払わなければいけないんだろうと**考えてしまいます。これに対して**よく母が、国民の義務だから払うことは当たり前だ**と言います。でも**脱税している企業のニュースなどを**聞くと、私はとても嫌悪感を持ってしまいます。だから、企業や社会人**は**しっかり税金を払うべきだ**と思います。

四つの文に切ることができました。
○税金を払うことへの疑問　○母の考え
○脱税する会社の話　○自分の主張
これでわかりやすくなり「うまく」見える文章になります。

コラム 1

なぞなぞやしりとりで言語適用力アップ その1

しりとりあるある。「しりとり！　りんご、ゴリラ、らっぱ、パンダ、だんご、ごま、まり、りす、すいか…」で、最終的にお子様が詰まってしまって、親はヒントを出したり、あの手この手。「もうあきた～」

これではたしかに盛り上がりません。そこで、国語力アップしりとりを家族で楽しくやるコツをお伝えします。それはズバリ「ハンデ」をつけること。大人に勝てるから面白いんですよね。大人や年齢が上のご兄弟はハンデをつけて対戦しましょう。

しりとりは「ハンデ」をつけて盛り上げる！大人に勝つことが、子どものヨロコビ

ハンデは簡単、年齢に応じた文字数です

「まり、りす」のような2文字は、一番小さいお子様だけにして、目安として3・4年生は最低3文字以上、4年生以上は4文字。5・6年生だったら、初めは4文字以上にして慣れてきたら学年の文字数以上にしてみてください。

大人は初めから5文字以上とします。私は7、8文字以上でやっていますよ。最初は、難易度が高い気がしますが、「うんどうかい」「グーグルマップ」などなど、慣れると5文字以上の身近な言葉はいっぱいあります。また、この文字限定で大切なのは、目上の立場の私たちの方が、文字数ばかり気にしていると「りかじっけん！」なんて、「ん」の付くコトバをうっかり言ってミスをすることです。

子どもたちにとって、何よりうれしいのは「大人に勝つこと！」なんです。「おかあさんの負け！」「おにいちゃんのまけ～！」となると、「やる！やる！」としつこく言ってきてくれますよ。そうなったら、こちらのものですね。

お子様の得意分野でやる「ポケモン」「地名」「サッカーチーム」…

言語適応力アップのコツは、大人が敢えて難しいコトバを入れていくしりとりにすること。「はーい、じゃあお母さん今度は、国の名前にするね」とか「お父さんは、都道府県か県庁所在地にしてね」こうすると自然にお子様にその語彙が入っていきますよね。

また、お子様が飽きてきたら、外国のサッカーチームなど、お子様の方がよく知っているものや得意なこと限定にすると、お子様が勝つ確率が上がり、お互いに本気でできて楽しいです。本気で遊びながら、かつ、語彙力や新しいコトバの獲得になるので、とってもおすすめのコトバあそびですね。

しりとりの難易度アップ★★　「しりとりハンデ」

対年齢	ルール	
対 1・2年生	パパとママには、4文字以上、かつ30秒ルール（3文字以上15秒でも）。	お子様に1、2、3、と数えさせると暇がなくていいです。
対 3・4年生	子どもが得意な分野にしばる。	サッカー大好きな男の子であれば、サッカー選手の名前など。電車好きのお子様なら、電車の名前。虫、花、ポケモン、ベイブレードの種類、ゲームに関すること、たちまち大人が負けます。
対 5・6年生	漢字熟語しりとり。	体育→育休→休日→日曜→曜日→日給→給食→食事…という風に、漢字をしりとりしていきます。意外と続きます。
共通	大人は「〇〇」しばり。	国の名前、都道府県、市区町村、野菜、食べ物、お菓子の名前、飲料の名前、文房具、生活用品など。

第2章

100字の短い作文を書く

まずはキャッチボールやパス

本書は、作文の書き方（教え方）がよくわからないお子様（保護者様）のために、作りました。日本の学校教育には、短い作文を書く習慣がありません。読書感想文など、長い作文をいきなり書かされてしまうんですね。そこで、**書くためのファーストステップとして、短い作文を書いて、文章慣れすることが目的です。**この短作文ドリルは、スポーツでいうところの基礎練習で、キャッチボールやパス練習に当たります。長い作文は、いわば試合です。基礎の練習もしないでいきなり試合というのでは、良いパフォーマンスができなくて当然です。初めから書けるお子様ばかりではありません。

丸が三つになるまで。短い作文を書きましょう

まずは、短い作文から始めていきましょう。**短い作文の定義は、「丸が三つになるまで」**です。三つの文で相手に何かを伝える練習をしていると、わかりやすい作文を書くことができるようになります。丸が三つまで、と書きましたが、がんじがらめのルールにはしないでください。四つの文になってもいけないわけではありません。自由に書きましょう。また、本書の解答例は、書けないお子様には、初めから見本として見せていただいて構いません。作文において見本の提示は、とても良いことなのです。

書き出しがあれば、続きが書けるようになります

なぜ書き出しがついているかというと、お子様は、スタートのところでつまずいているからです。それは、私が初めてお子様の作文指導をし始めた時のことです。「何を書きたいの？」とお

話を聞くと、みんな喜んでとてもよくお話ししてくれます。すごくいいので、「それ、すごくいい！　それをそのまま書けばいいんだよ。さあ、書いて！」と投げると、いざ鉛筆を持つと、止まってしまって書けない。このようなお子様が本当に多いことに気がつきました。書けない理由は「書き出し」でした。

「それを書きたいなら、初めはこんな感じに書くといいよ」と私が**書き出しを作ってあげると、「あ、そう書けばいいのか」といった表情をして納得して書いていきます。多くの子どもたちは、書き出しがあるとそれに続けて書くことができます。**私にとっての世紀の大発見でした。

なぜ、三つの文を書くのでしょうか

やっていただくとわかるのですが、本書は二つ目の文の書き出しまで、書いてあります。書き出しに続けて書くと、二文はすらすら書けます。ここからが、お子様が成長するトレーニングの部分です。二文を書いてしまうと、さて、次は何を書けばいいのか、止まってしまうお子様がいます。実は、範囲が急に広がり、三文目は**何を書いても良くなります。そう、ここが多くのお子様のお困りごとだったんですね。**

この三つ目の文を書くとき、なんの躊躇もなくすらすら書いていくお子様もいれば、また、うーんと唸って止まってしまうお子様もいます。三つ目の文に書くことは、それまで書いたことを**詳細**にしてもいいですし、「だから、今後は〜」と**展望**を書いても良いですし、「それで嫌な気持ちになりました」と**感想**を書いても良いわけです。**どれでも良いしどれも正解なのですが、そこで、経験の少ない子どもたちは、何を選べばいいか「わからない」「書けない」となっているのです。**

1回に書く時間は20分程度で4～5個。ダラダラやらない

本書のドリルの書き出しはグレーの部分をなぞり書きしてください。そこから、三つ目の文までを書くことが課題です。(あー1)などの書き出し部分を一文と、二文目の冒頭部分が書いてありますので、続きを、お子様に書くように薦めてください。**三つ目の文が終わるまで書いていきます。**

「ひとつの文」の定義とは、書き出しから丸まで。「わたしは、とてもこわがりです。」で一文です。この作業を3回やって三つの文でひとつの文章を作るということです。それ以上書きたい場合は書いても構いませんが、あまり長く書く必要はありません。長すぎる場合は、お子様を止めてください。

書き出しの文の、「わたし」を「ぼく」に変えたり、つなぎの部分（接続語）など、自分なりにアレンジしてもらったりしても、もちろん構いません。テーマは決まっていますので、お子様によっては、考えすぎて困ってしまいます。お子様の手が3分以上は止まっているな～と思ったら、38ページからの解答例を読んでいただいて、真似をして書くことを薦めてください。**お子様の集中力は20分が限界です。タイマーなどで時間をはかり最大でも30分程度、それ以上の時間はやらせないでください。**まずは、本書のように、ある程度形が決められたなかで、書きやすいものに挑戦してみてください。時間における進度の目安は、はじめは20分で2本。最大でも20分で8本程度で良いです。それ以上、速いと今度は丁寧さが損なわれてしまいます。「もっとゆっくり考えていいものを書こうね」と声かけしてください。

声かけの○○がお子様の考える時間を奪う！　要注意です

　ここで、しっかり理解しておきたいのは二点です。「ダラダラやらないこと」と、**「声かけの速さがお子様の考える力を奪ってしまうこと」**。実は、お子様が文章を書く前には、アイドリングタイムというか、書くために考えている時間があります。一人一人のお子様によってその時間も違います。でも、それを見ている大人たちにはそれが永遠かのように長く見えます。目には見えにくいので理解できません。私たちって、本当に待てないんですよね。驚くほどすぐに声をかけてしまいます。

　「ねえ、何やってるの？　はやく！」「どうしたの？　手が動いてないよ」「ちゃんと考えてる？」などなど。ほとんどの方が30秒くらいで声をかけてしまいます。ほったらかしもいけませんが、最低3分、ちゃんと考えているようでしたら5分あげてもいいくらいです。このお話を講座などでするときに「質問をされてから30秒何も答えずにお互いに待つ」、というワークをやるのですが、たった30秒のまあ、長いこと。私でも待つのは苦労します。多くの指導者や保護者様を見ていると、お子様の手が止まると5～10秒くらいですぐに反応してしまいますが、**それは実は「考える時間」を奪うことになりますので、気をつけてください。まずは3～5分、さりげなく様子を見守って、明らかにもう考えていないな～と思ったら、次のように声をかけてみてください。**

インタビュー方式でサポートする

　「どうした？　何か困ってる？」「どんなふうに書きたいの？」「どんなところで止まっちゃった？」「○○っていう言葉の意味はわかる？」「飽きちゃった？」

こんな感じに聞いていきます。何をしているかというと、お子様が書けない（書いていない）理由を探っています。教室ではこの声かけを、**インタビュー方式**と言っているのですが、つまり、**サポートをするため、書けない原因が何なのかを探していきます。**言葉の意味がわからないのであれば、「あ、『科目』って授業の名前のことだよ〜、体育とか算数とか」。また、お子様から（う-4）「好きな物語ってマンガでもいいのかわからない」などと言ってくれます。その疑問に対して、「ホントは本の方がいいけど、別にマンガでもいいよ！　なんていうマンガで書きたいの？」という感じで聞き出します。**お子様って実はいろいろなことを考えていて、書き出せない理由が、必ずあります。何も考えていないお子様は少ないですよ。**ご自身が文を書けなくて立ち止まっているところの問題を、大人がしっかり解決してあげることで、必ずお子様が自分で前に進めるようになっていきます。作文力は、判断力でもあることの証拠ですね。テクニックはもちろんですが決断ができるようになれば、文章はスラスラ書けるようになります。

添削をする時には、嫌いにさせないことが第一条件

書いたものは、大人が見てあげますが、書き直しはさせません。大人の目からみて、《これでは意味が通じないな》という文の場合、お子様が何を伝えたかったのかを聞いて「こう書くと、あなたが伝えたかったことが伝わるよ」という程度で、**具体例を出して見本の提示をしてあげましょう（解答例38・39ページ参照）**。なぜ、書き直しが必要ではないかというと、**「面倒なこと」「嫌だと思いながら書く」ことを続けていると、国語や文章を書くことそのものを、勘違いで「嫌い」になってしまうからです。**作文を書くことの本質は、手書きで書くことそのものではありません。思考力であり判断力で、本来は論理的思考力です。

保護者様であれば仕事や家事に置き換えてみてください。一生懸命やった仕事、頑張った家事について、「ほら、ここ。これが違っているから、もう一度〝初めからやり直し〟をして！　きれいにね！　丁寧に、初めから全部やりなさいよ」と言われたらどんな気持ちになるでしょう。絶対にやりたくないですよね。書き直しをしているときに頭は使いませんから、次に書く文章がうまくなるわけではないのです。当教室では、書き直しで書く力が向上していくとは考えていません。いや、むしろ嫌いにさせる根源だと思っていて、自ら書き直しをしている子を見ると、「それより次の短作文ドリルをやったほうがうまくなるよ」と声をかけています。

遊びながらやる「楽しい！」が大事

遊びの部分もお忘れなく！　本書では間違い探しをつけました。弊社のあおぞらクラス・思考力クラスでは通年で、**間違い探しを通して、「見つける」楽しさを教えています。それは国語力と大変関係があり、「気がつく力」になっていくからです。**詳細は第5章でお話ししますが、必ず、やり始める前と、終わったあとは、何か親子で楽しいことをしてくださいね。本書では、それ以外の遊びの紹介はおりがみ遊びを一つご紹介していますが、弊社のクラスでは、紙やゴム、トイレットペーパーの芯を使った工作や、あやとり、カードゲーム、ボードゲーム、なぞなぞ、しりとり、などなど。実は、楽しく教室に通っていただくため、私の重要な仕事の一つが、「子どもたちにウケるあそびを考えること」でもあります。**子どもたちの頭の中の「楽しいこと」と「作文」を結びつけることも、私は大切なことだと考えています。**

短作文書き出しシートの使い方（まとめ）

①準備

本書の書き出し部分からはじめて、**三つ目の文までを書くこと**が課題です。このドリルには、（あー1）などの書き出し部分を一文と、二文目の冒頭部分が書いてありますので、まずは、その部分をノートに写し書きをし、その続きを、お子様に書くようにすすめてください。三つ目の文になるまで書いていきます。

一つの文の定義とは、書き出しから丸まで。つまり丸が三つ付くまで書くということです。それ以上書きたい場合は書いてもかまいませんが、**長く書く必要はありません。**

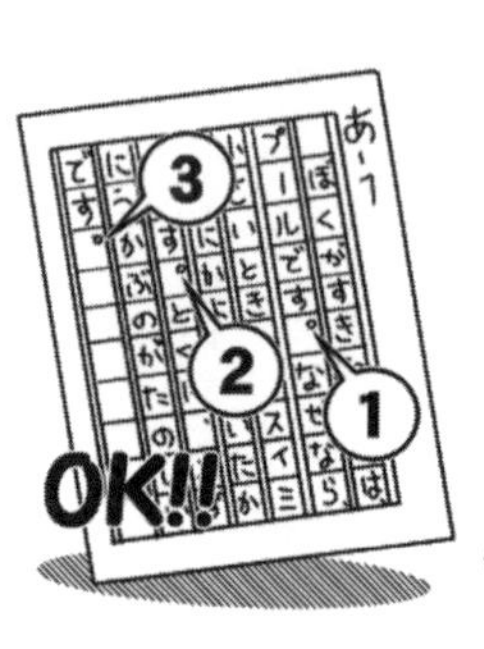

②学習の進め方

書き出しの文の、「ぼく」を「私」に変えたり、つなぎの部分など、自分なりにアレンジしてもらったりしても、もちろん構いません。

お子様によっては、考えすぎてうーんとうなってしまいます。38ページからの解答例を読んでいただいて、**真似をして書く**ことを進めてください。**お子様の集中力は20分が限界です。**タイマーなどで時間をはかり、それ以上の時間はやらせないでください。

③指導方法

書いたものは、大人が見てあげますが、**書き直しはさせません。**大人の目からみて、《これでは意味が通じないな》という文の場合、お子様が何を伝えたかったのかを聞いて、「こう書くと、あなたが伝えたかったことが伝わるよ」という程度で、**具体例を出して**見本の提示をしてあげましょう。（解答例38ページ参照）

④慣れてきたら…

まずは、ある程度形が決められたなかで、書きやすいものに挑戦してみてください。**時間における進度の目安は、はじめは20分で2本。最高でも20分で8本で良いです。**それ以上、速いと丁寧さが損なわれてしまいます。「もっとゆっくり考えていいものを書こうね」と声かけしてください。遊びの部分もお忘れなく！　必ず、やり始める前と、終わったあとは、親子で楽しいことをしてくださいね。

まずは最初に！　まちがい探し

上と下の絵では、ちがうところが全部で12個あるよ。探してみてね！

答えは39ページ。

★ワンポイント★
作文を書く前に必ずやってください。まちがい探しなどの子どもが楽しんで取り組む遊びは、学習前に行うと脳の扉をひらく効果があります。

ヒント
ここにまちがいがあるよ

イラスト／しみずえみ

やってみよう!! 短作文ドリル

書き出しをなぞって、つづきを書きましょう。

短作文書き出しシート あ

あなたがこわがりでなくても、こわがりの人だったらどんな風に書くか想像して書きます。

〔あ－1〕解答例あり

わたし（ぼく）はとてもこわがりです。昨日も、

〔あ－2〕解答例あり

わたし（ぼく）は物を大切にするようにしています。

たとえば

ぬいぐるみやポケモンカード、お手紙など、なんでもいいですよ。

本当に昨日のことでなくてかまいません。

たし算など、がんばっていることがたくさんあるよ！　と一緒に考えてほめてあげてください。

解答例あり〔あ－3〕

今、わたし（ぼく）ががんばっていることは、

解答例あり〔あ－4〕

わたし（ぼく）の筆箱は、こんな筆箱です。

箱の形？　ポーチ？　ぬいぐるみ型？　どんな色でいつ使っていますか？

やってみよう!! 短作文ドリル

短作文書き出しシート い

書き出しをなぞって、つづきを書きましょう。

どちらか選んで書きます。時々「ふつう」といって選べないお子様がいますが、「選ぶ」ことが作文がうまくなるコツです。

〔い－1〕

わたし（ぼく）は、早寝早起きをするのが好き（きらい）です。理由は、

〔い－2〕

わたし（ぼく）は、宿題をやるのが大きらい（好き）です。なぜなら、

好きか嫌いかを自分で選んでどちらかで書きます。

もしおこられたとしたら、どんなことが理由か考えてみてください。

〔い－3〕

昨日、お母さんにものすごくおこられてしまいました。わたし（ぼく）が

〔い－4〕

わたし（ぼく）の好きな給食メニューは、

給食がない学校の場合は、お弁当のことで書きましょう。

やってみよう!! 短作文ドリル

短作文書き出しシート う

書き出しをなぞって、つづきを書きましょう。

近くといっても範囲を広げて良いです。公園でもコンビニでも、たとえば家から三十分の所にスカイツリーがある、でも「近く」になりますね。

〔う-1〕

わたし（ぼく）の家の近くには○○○があります。

その場所は、

〔う-2〕

わたし（ぼく）がやっている習い事は○○○です。

○才の時からやっていて、

ならいごとをやっていない人は、このドリルでやっている作文のことや自分が小さいころからがんばっていることを書きましょう！

外あそびがきらいな人でも、こういう人だったらどう書くか、矛盾がないように書きましょう。

〔う－3〕

わたし（ぼく）は、晴れた日はかならず外であそぶようにしています。なぜなら、

〔う－4〕

わたし（ぼく）の好きな物語（本）は○○○です。

小説がない時はマンガのストーリーやドラマでも良いです。なぜ、好きなのか理由をしっかり説明してください。

やってみよう!! 短作文ドリル

書き出しをなぞって、つづきを書きましょう。

短作文書き出しシート　え

その後、どうしたかを説明しましょう。

〔え-1〕

もしあなたの大切にしているものを、誰か（ぼく）わたしに壊されてしまったらどうしますか。

は○○○を○○に壊されてしまいました。

壊されたことがないというお子様も多くいます。とってもいい世の中ですよね。
でも何かがとれてしまったとか、なくしてしまったときを思い出して書いてみましょう。

たとえば遠足の前　ディズニーランドに行く前　試合の前
「興奮」なのでワクワクドキドキすることですね。

〔え-2〕

昨日の夜は興奮してねむれませんでした。
それは、○○○○○だったからです。

〔え-3〕

三年後のわたし（ぼく）は小学（中学）○年生です。
その時のわたし（ぼく）は○○○をやっていて、○○○な人になっていると思います。

三年後の自分がどんな人になっているか想像してみてください!!　できたら具体的に。
「料理クラブに入っている」や、「水泳選手になっている」など。

やってみよう!! 短作文ドリル

短作文書き出しシート お

書き出しをなぞって、つづきを書きましょう。

どんな様子ですか？
その後、物語になっていきますか？

〔お－1〕

ある日、道の真ん中に四角い箱が落ちていました。その箱は（色）○○○で（大きさ）○○○くらいの大きさです。手にとってみると～

好きなことをたーっぷり想像して書いていいんですよー。

十センチ、一メートル四方、ランドセルなど、はっきり大きさがわかると良いです。

観光バスがわからないお子様には説明してあげましょう。まったくわからないときは書かなくても良いですが、これをきっかけに興味がもてるといいですね。

どこが楽しいのか、書きましょう。

ゲームなど身近なことで良いです。楽しいという感覚を思い出して書きましょう。

解答例

このドリルの答えは、何通りもあります。解答例と指導のポイントを参考に、自由に作文を楽しんでください。

あ−1《例1》

（あ−1）

わたしはとてもこわがりです。昨日も、風の音がこわくてねむれなくなりました。お母さんのところにいってねました。

こわがりにもいろいろな種類がありますね。おばけがこわい、高いところがこわい、ママがこわい、(笑)など

あ−1《例2》

（あ−1）

わたしはとてもこわがりです。昨日も、、、、

※とまってしまって書けないとき

大丈夫。解答例を見てまねをして書いてみよう！その時、大人の方が思いつく例をいくつか言ってあげます。つい、「自分で考えて」と言ってしまいますが、見本なしでは書けなくて当たり前です

あ−1《例3》

（あ−1）

わたしはとてもこわがりです。昨日も、ジェットコースターに乗れませんでした。家族の中で、わたしだけなのでかなしくなりました。

三つ目の文が書けないことが多いので、どんな気持ちになったかな？など、気持ちを聞いてあげるのもコツです

あ−2《例1》

（あ−2）

わたしは物を※大切にするようにしています。たとえば、ぬいぐるみです。おばあちゃんからもらったもので、ずっと※大切にしています。

※印の大切にしています、が重なっているので、二つ目のところを「毎日、夜いっしょに寝ています」などに換えるとより良くなります

あ−2《例2》

（あ−2）

わたしは物を大切にするようにしています。たとえば、筆箱を一年生からずっと四年間使っています。六年生まで使い続けたいです。

時間や期間を入れると、より長く大切に使っていることが伝えられます

あ−2《例3》

（あ−2）

わたしは物を大切にするようにしています。たとえば、ママが作ったバックをずっと使っています。これからも大事にします。

ママが作った、は話し言葉です。かわいくてそのままでも良いのですが、作文ではお母さんまたは、母が手作りした、の方が良いと思います

あ－3《例1》

（あ－3）

今、わたしががんばっていることは、音読です。うまくできるので、がんばっています。お母さんに聞いてもらいます。

> がんばっている、が重なっているので、後ろの文は、いつも十回以上やっています。などの具体的なことに換えましょう

あ－3《例2》

（あ－3）

今、わたしががんばっていることは、スイミングです。ひらおよぎをやっています。この間のテストは失敗しちゃったのでつぎはがんばります。

> しちゃったので、は話し言葉なので、してしまった、に換えます。三つ目の文のがんばります、も重なっているので「合格したいです」などが良いですね

あ－3《例3》

（あ－3）

今、ぼくががんばっていることは、漢字です。漢字検定をがんばっています。いまは六級をがんばっています。

> お子様は、重ねて書いてしまうことが多いです。怒らずに、言い換えの仕方の見本を提示してあげましょう。二つ目のがんばっていますは、とりたいと思っています。三つ目は、六級の勉強をしています。など

あ－4《例1》

（あ－4）

ぼくの筆箱は、こんな筆箱です。箱型でプラスチックでできています。色は青でプーマのマークが入っています。お母さんが買ってくれました。

> 布のポーチ型のものです。カラフルな色でディズニーのキャラクターのものです。など、画像を表現するように、形、色、素材、模様などを説明しましょう

おうちの方へ【見本の提示の大切さ】

解答例は「あ」のみですが、「い」からも同様にやってみてください。大人は見本を作るプロです。保護者様が、普段使っている文章で良いので、どんどんお子様に見本の提示をしてあげてください。見本があることでそれを真似して書くことができます。あらゆる創造の原点は、模倣です。

まちがい探しの答え

地球儀、キューブパズル、
花びらの枚数、時計の針、
先生の腕時計、
本の表紙の文字、
男の子の左手、ペンケース、
本棚の本の冊数、
女の子の服のボタンの大きさ、
えんぴつの本数、
ペットボトルの中身の量

全部わかったかな?

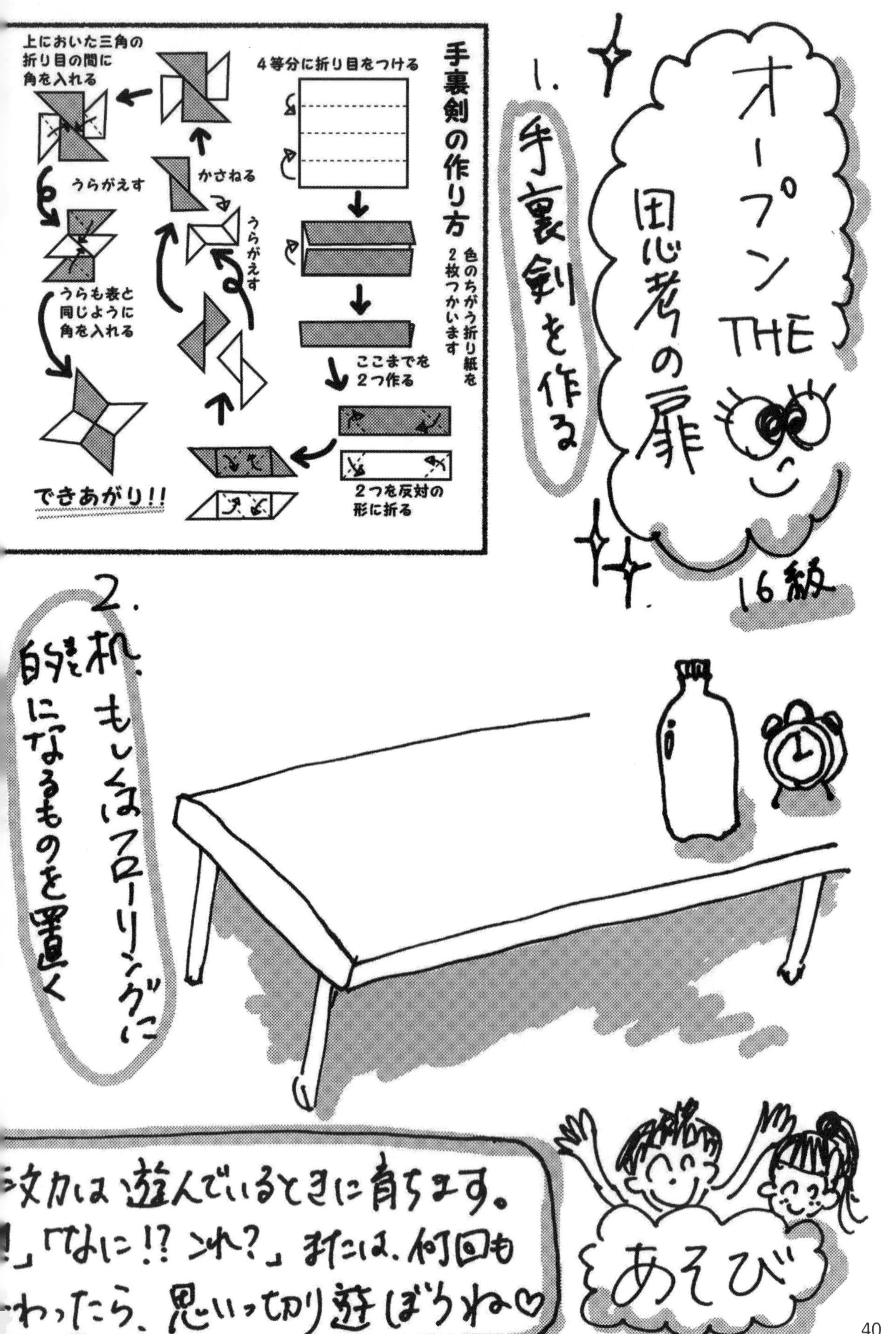

オープン THE 忍者の扉
16級
1. 手裏剣を作る
手裏剣の作り方
色のちがう折り紙を2枚つかいます
4等分に折り目をつける
ここまでを2つ作る
2つを反対の形に折る
かさねる
うらがえす
うらがえす
上においた三角の折り目の間に角を入れる
うらも表と同じように角を入れる
できあがり!!
2. 自分の机、もしくはフローリングになるものを置く
力は遊んでいるときに育ちます。
」「なに!? これ?」または、何回も
わったら、思いっ切り遊ぼうね♡
あそび

監修／
れい子先生

3. そこにむかって手裏剣を
すべらせる！投げてもよし！

的まとに当たってしまうのは✕だめ

的まとに一番近いところにいくのが
チャンピオン！

重要!! あそびが必要な理由

ASOBI

本来お子さんのもっている思考カ
あそんでいるときの、「ヤッター
何回もくり返したくなる熱中

コラム 2

なぞなぞやしりとりで言語適用力アップ その2

「こいでも、こいでも、絶対に進まないもの、な〜んだ」

答え、わかりますか？　なぞなぞは、本もありますし、スマホで検索すればいろいろ出てきます。これも、頭のトレーニングに非常に役立つのでおススメです。

お子様が手に取るようなところに本を置いておくと良いですね。家族で楽しく続けるコツは、わかった人が答えをそのまま言わないこと。わかった人は「まず、わかった！」とだけ言います。家族4人なら、出題者以外の2人が分かるまで、答えは伏せて続けます。出題者は、始めにわかったお子様に「何文字？」などと聞いて、あっていればたぶんそれが正解なので、ヒントを出し続けます。

なぞなぞは、とことんヒントを出して当てさせる！わかった人、すぐに答えを言わないで！

意外に難しい良いヒントの出し方

例えば冒頭のなぞなぞの場合、「実際にこぐけど、進まない」「答えは、4文字」「ふふんふ（音程を伝えます）」「公園にある」このあたりでわかるでしょうか。（あ、ブランコ！）そうですよね。全員が頭の中にひらめいたところで、「じゃあ、みんなで言ってみよう。せーの！　ブランコ〜」となります。慣れてきたらヒントを、先にわかった子に言わせると良いです。そのものズバリわかってしまうヒントでなく、良いヒントを出すのは実は難しいものです。ここでもことばの使い方の練習ができます。できるまで粘り強く続けるのがコツですね。

先ほどの問題には類似問題があって、「上ったり下りたりしているのに、絶対進まないものな〜んだ」があります。「実際に上下するけど、進まない」「答えは、6文字」「へへへーはー（音程を伝えてください）」「マンションにはだいたいある」さあ、わかりましたね？　答えは、「エレベーター」です。

なぞなぞは、ワーキングメモリーなど、脳の中にあると言われている「言葉の引き出し」を出し入れして、引っ張り出してくるトレーニングになります。ぜひ、楽しみながら、お風呂やちょっとした時間に楽しくやってみてください。慣れてくると、お子様の方が強いですよ。

第3章

200字の意見作文を書く

自分自身の意見を書くことの難しさ

みなさんは、「〜について、あなたの考えを書きなさい」という自分の意見を書く問題は好きですか？　あまり好きではない人が多いかもしれません。**弊社のクラス生の中にも、自分の意見は何？　と聞かれてしまうと、途端に書けなくなってしまうお子様がいます。**

「う〜ん。わかんない」

本当にわからないのだと思います。何を書けば良いのか。自分の意見って何だろう。例えば「この本を読んでどう思いましたか」「この劇を見てどう思いましたか、あなたの意見を書きなさい」こう聞かれた時に、何も頭に浮かばないというお子様が、体感で約5、6割はいると思っています。

書き方を教わっていない

小学校の低学年の時からこのような考えを問う質問があることも多く、日本の教育は、文章作成について、個人に丸投げしているところがあると思います。一部、書けるお子様もいるのは確かな事実なのですが、**書けないお子様は困ってしまいます。だって、書き方を教わっていませんから。**人の意見は、十人十色、百人いれば百色です。数多くある考えの中から、「自分の考え」というものを一つだけ選ぼうとすると、多種多様なものがあり

すぎて、途方に暮れてしまうのではないでしょうか。本書では、200字の意見の書き方として、ディスカッション式で自分の意見を決めた後、①「結論」②「理由」③「具体例」④「結論（同じ言い方にならないように）」のステップで書きます。本書では、原稿用紙の書くところの上に①～④が書いてありますので、徹底してやることができます。私は、意見を伝える場合、この書き方が一番、簡潔で、相手に伝わる方法だと思っています。

決められないのは環境が生み出した「思考のクセ」が原因

意見が決められないのは、お子様のせいではありません。それは、普段の生活の中に、「自分で決める場面」がかなり少ないからだと私は思っています。**「思考のクセ」**と言っているのですが、学校生活全般でも、晩ごはんのおかずでも、今日、友達と遊ぶか遊ばないか、どんな洋服を着るか、このニュースは、正しいのかどうか、今日、傘をもっていくかどうか。**そんなことすら自分で決めない、考えていないのだとしたら、自分の意見が出てくるはずがありません。**耳が痛いと思った保護者様はいらっしゃいますか？　芸能マネージャーのようにお子様をコントロールしていると、こんなところに弊害が出る場合もあります。**「自分の意見がない、分からない」お子様ができあがってしまうのです。**もちろんそれ以外のことが原因で、もしかしたら自分で決めないクセがついてしまったのかもしれません。性格的に、そもそも決めるのが嫌なお子様もいらっしゃいます。

「うちの子、自分の意見が全くないんです！」とご心配なさる前に、思考のクセについて見直してみると良いですね。思考のクセ、というのですから、正しい方向にクセをつけてあげればすぐ治ります。それが、**まずは代表的な二つの意見**

を出して対比させ、自分の考えを二択から選ぶ「200字の意見作文」の書き方です。

意見を求められる時代になる

これからの時代は、今までよりも個々の考えをテストで評価するようになります。なぜなら、検索や生成AIの世界が当たり前になり、何かの物事をまとめるのはどの人がやっても同じ結果になっていくからです。**作文や文章のうまさではなく、内容のある作文を書かなければいけない時代がやっと目の前までやってきました。**

そして、大学の総合型入試などでも、「思考力・判断力・表現力」という力を客観的に評価するときに文章力や表現力がとても有効なため、作文・論文を見る試験は増加傾向にあると言って良いでしょう。

この章の200字の作り方で行う、物事を対比させて二択・三択で考えるという思考は、どんな時も役に立ちます。これまでも色々なお子様に「犬と猫どっちが好き?」と聞いてきましたが、初めは「わかんない、どっちでもいい」などと言うのですが、しっかり段階を踏んで、それぞれのメリット・デメリットを書き出して理解し、討論していくうちに、だったらこっちかな、と必ず選べるようになります。一定数、「動物嫌いだから嫌」、「どちらも飼いたくない」というお子様もいますが、それも自分の意見が出てきた証拠ですね! でも、敢えて「自分は嫌いなんだけれども、客観的に(自分じゃないと思って)考えたらどっちか選べる?」と必ず答えを選んで書いてもらいます。

楽しく自分の意見を見つけて書く

お子様には、「意見を作る」などという自覚はなくても良いのです。どっちかな~と、楽しんでやってください。この積み重ねが、一人一人の思考のクセと基礎を作っていくと私は確信しています。そのため、テキストでは、テーマを難解にせず、身近なものからお子様に自分の意見を楽しく見つけてもらうことを目的としています。

ディスカッションとヒント、そして見本を見てから書いて良い

本書には、書く前の段階で、二つのものが組み込まれています。ディスカッションとヒントです。また、解答例も2本ずつ用意しています。素晴らしい模範例というわけではなく、敢えて一般的な例にしています。自分の考えがパッと浮かぶ人ばかりではありません。**他の人の意見を見てみることで、安心もしますし、メリットやデメリットを知って、分からなかったことが理解できます。見本を見てから書いて良いのです。**スポーツでも、必ず良い選手のお手本を真似しますよね。ですから本書も、解答を読んでから書くことは全く悪いことではありません。完璧な文章の見本ではありませんし、それよりは、誰かがいかにも書きそうな、そこそこの見本が出ています。お子様たちに「心配だったら、解答例を読んでから書いていいよ」と言いますが、意外にも9割以上のお子様が「見ないで自分で書いてみる」とおっしゃいます。慎重なお子様の方が、確認しますね。**見ても見なくても、本当にどちらでも良いです！　これらの仕掛けを使って、4通りの200字意見作文を書いて、一緒に「考えること」に取り組んでいきましょう！**

「第3章」意見作文ドリルシートの使い方

まずは、問題のページをよく読んで、自分の意見を考えてみましょう。問題を読んだだけでは書き始めることがむずかしい場合は、ヒントを読んでみましょう。

問題のページ

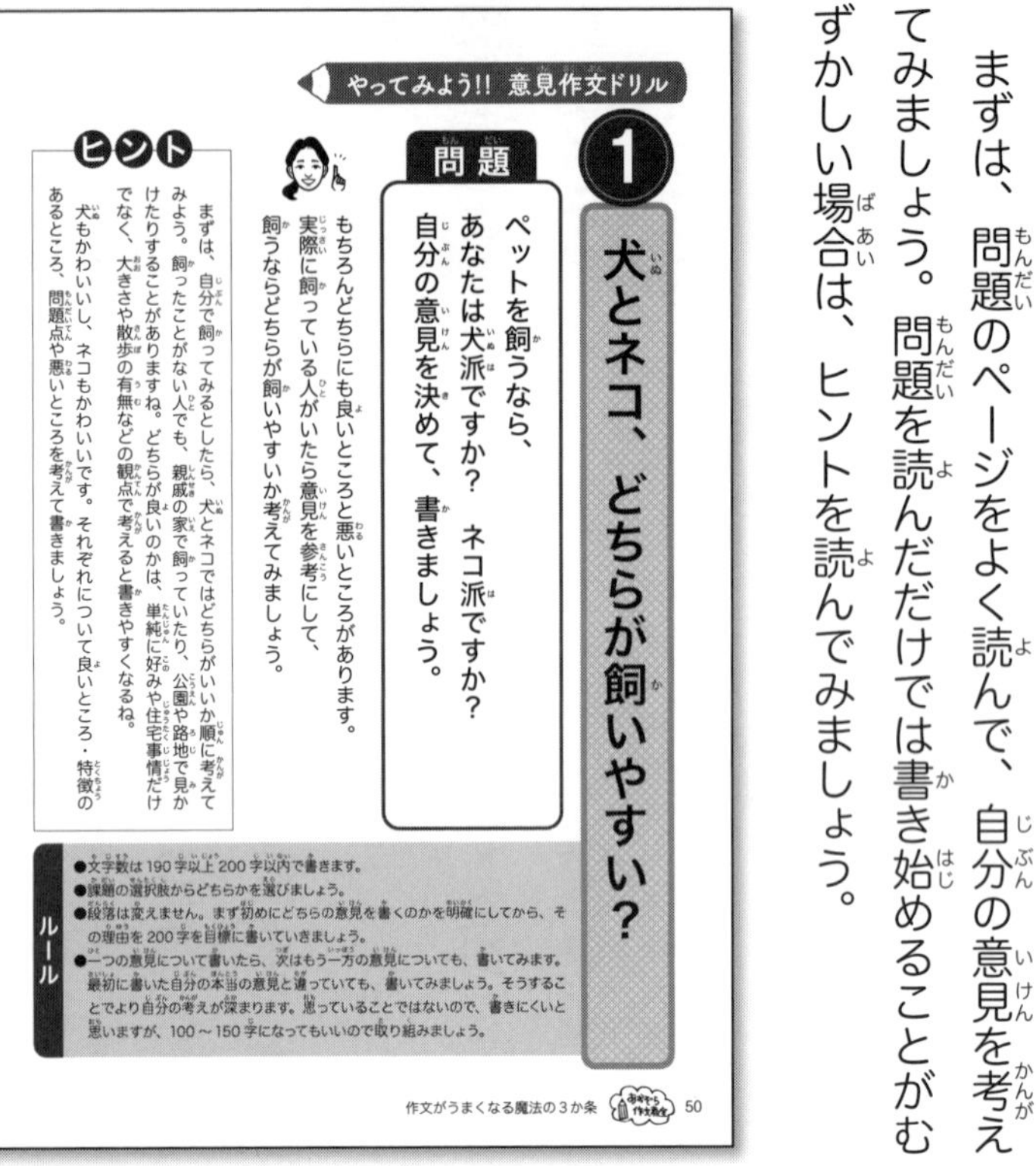

やってみよう!! 意見作文ドリル

1 犬とネコ、どちらが飼いやすい？

問題

ペットを飼うなら、あなたは犬派ですか？ ネコ派ですか？ 自分の意見を決めて、書きましょう。

もちろんどちらにも良いところと悪いところがあります。実際に飼っている人がいたら意見を参考にして、飼うならどちらが飼いやすいか考えてみましょう。

ヒント

まずは、自分で飼ってみるとしたら、犬とネコではどちらがいいか順に考えてみよう。飼ったことがない人でも、親戚の家で飼っていたり、公園や路地で見かけたりすることがありますね。どちらが良いのかは、単純に好みや住宅事情だけでなく、大きさや散歩の有無などの観点で考えると書きやすくなるね。

犬もかわいいし、ネコもかわいいです。それぞれについて良いところ・特徴のあるところ、問題点や悪いところを考えて書きましょう。

ルール

- ●文字数は190字以上200字以内で書きます。
- ●課題の選択肢からどちらかを選びましょう。
- ●段落は変えません。まず初めにどちらの意見を書くのかを明確にしてから、その理由を200字を目標に書いていきましょう。
- ●一つの意見について書いたら、次はもう一方の意見についても、書いてみます。最初に書いた自分の本当の意見と違っていても、書いてみましょう。そうすることでより自分の考えが深まります。思っていることではないので、書きにくいと思いますが、100～150字になってもいいので取り組みましょう。

作文がうまくなる魔法の3か条 50

考えを書き出す

両方の意見それぞれに対して、思いついた意見を左側のページに箇条書きで書き出してみましょう。

良い点と悪い点を書き出してみる

犬

ネコ

たとえば、こんな感じ！

犬派 vs ネコ派

犬派
- 鳴き声がうるさい×
- しつけが大変(しつけができる)◎
- 飼い主に従順&信頼◎
- かわいい、人なつっこい ○
- 散歩がたいへん×(体力がつく、運動不足の解消)
- 大きい種類だと費用などもかかる×
- 旅行いけない×

ネコ派
- 鳴き声はしずか(さかりの時はべつ)○×
- しつけはできない△?
- 旅行にいける◎
- 散歩にいかなくてよい◎
- 室内に一緒にくつろげる△?
- 自立しているので手がかからない(飽き)×
- かわいい、いやされる○

ここまで準備ができたら、書いてみよう！

※解答例のページにある見本を読んでから書いても良いです。

解答例 P.54-55

51 第3章 200字の意見作文を書く

意見があまり思いつかない場合は、ページ下側にある、書き出し方の見本を参考にしても構いません。意見を書き出したら、どちらの意見で作文を書くのか決めましょう。

作文を書こう！

次のページに200字の作文用紙があります。一つ目の文には、自分がどちらの意見で作文を書くのかを記述します。次の文からは、書き出した意見を見ながらまとめて文章にしていきましょう。

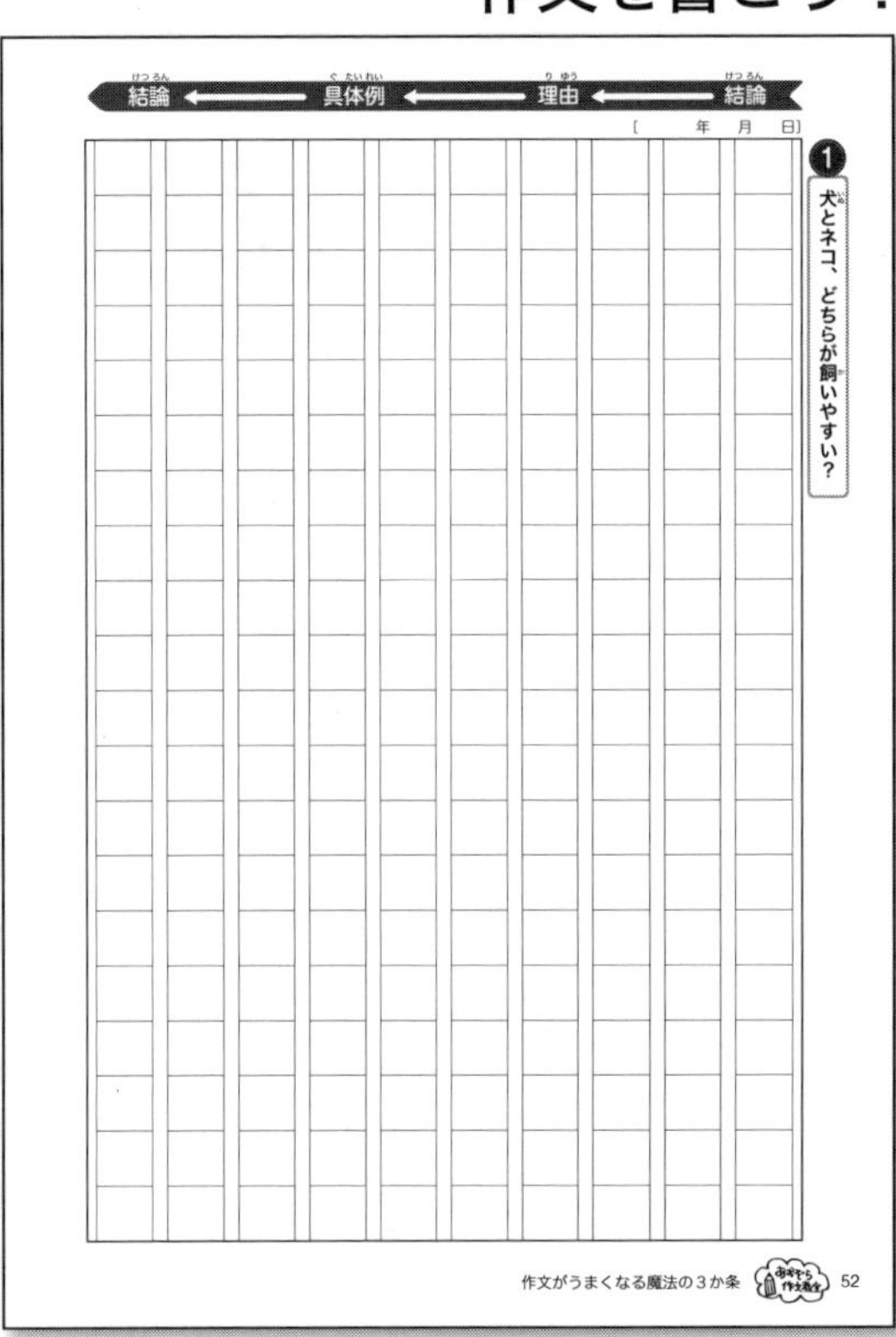

作文用紙は各問題ごとに2枚あります。できる場合は、2回目は自分の意見とは反対の意見で、意見作文を書いてみましょう。自分の意見とはちがう反対の意見を書くこと

解答例

によって、より自分の意見を深めることになります。なれるまで少し書きにくいと思いますが、必ずやりましょう。もし、文章にうまくまとめることができない場合は、解答例を読んでみましょう。作文用紙の次のページには解答例が載っています。この解答例を見ながら書いてみましょう。

解答例

①犬とネコ、どちらが飼いやすい？

レベルアップ　自分で考えた選択肢と逆の選択肢も書くことができるように練習しましょう

犬を選択した場合の例(1)

ぼくは、犬の方が飼いやすいと思います。犬はもともと飼い主に従順な動物で、きちんと人間がしつけをすれば、人とうまく暮らすことができます。おばあちゃんの家で犬を飼っていて、普段はとても人に対しておとなしいけれど、番犬としては、知らない人が家の敷地に立ち入ろうとするとかなり大きな声でほえて、役に立ちます。ぼくとは仲良しで、遊びに行くとしっぽをぶんぶん振ってよってきてくれるので、かわいいです。

犬を選択した場合の例(2)

私は犬の方が好きです。うちは犬を飼っていて、もう十四歳になります。私が生まれたころから一緒にいるので、もう家族です。室内犬のポメラニアンなので、テレビを見るときやリビングでくつろいでいる時に、みんながさわったりしています。おとなしくてしつけも良くできているので困ったことはありません。散歩は大好きで、いつも祖父におねだりをしています。それが祖父の体力維持にはとても役に立っていると思います。

作文がうまくなる魔法の3か条　54

一度、見本を見て書いてみると、今度は自分の考えでも書くことができるようになります！

1 犬とネコ、どちらが飼いやすい？

問題

ペットを飼うなら、あなたは犬派ですか？　ネコ派ですか？　自分の意見を決めて、書きましょう。

もちろんどちらにも良いところと悪いところがあります。実際に飼っている人がいたら意見を参考にして、飼うならどちらが飼いやすいか考えてみましょう。

ヒント

まずは、自分で飼ってみるとしたら、犬とネコではどちらがいいか順に考えてみよう。飼ったことがない人でも、親戚の家で飼っていたり、公園や路地で見かけたりすることがありますね。どちらが良いのかは、単純に好みや住宅事情だけでなく、大きさや散歩の有無などの観点で考えると書きやすくなるね。

犬もかわいいし、ネコもかわいいです。それぞれについて良いところ・特徴のあるところ、問題点や悪いところを考えて書きましょう。

ルール

- 文字数は 190 字以上 200 字以内で書きます。
- 課題の選択肢からどちらかを選びましょう。
- 段落は変えません。まず初めにどちらの意見を書くのかを明確にしてから、その理由を 200 字を目標に書いていきましょう。
- 一つの意見について書いたら、次はもう一方の意見についても、書いてみます。最初に書いた自分の本当の意見と違っていても、書いてみましょう。そうすることでより自分の考えが深まります。思っていることではないので、書きにくいと思いますが、100 ～ 150 字になってもいいので取り組みましょう。

良い点と悪い点を書き出してみる

犬	ネコ
・・・・・・	・・・・・・

たとえば、こんな感じ！

犬派 vs **ネコ派**

犬派

- 鳴き声がうるさい ×
- しつけが大変（しつけができる）◎
- 飼い主に従順&信頼 ◎
- かわいい、人なつっこい（生きがい）○
- 散歩がたいへん×（体力がつく、運動不足の解消）
- 大きい種類だと費用などもかかる ×
- 旅行いけない ×

ネコ派

- 鳴き声はしずか（さかりの時はべつ）× ○
- しつけはできない △?
- 旅行にいける ◎
- 散歩にいかなくてよい ◎
- 室内に一緒にくつろげる △?
- 自立しているので手がかからない（勝手）×
- かわいい、いやされる ○

ここまで準備ができたら、書いてみよう！

※解答例のページにある見本を読んでから書いても良いです。

解答例 P.54-55

結論 ← 具体例 ← 理由 ← 結論

[　　年　月　日]

1 犬とネコ、どちらが飼いやすい？

結論 ← 具体例 ← 理由 ← 結論

［　　年　月　日］

1 犬とネコ、どちらが飼いやすい？

解答例

1 犬とネコ、どちらが飼いやすい？

レベルアップ
自分で考えた選択肢と逆の選択肢も書くことができるように練習しましょう

犬を選択した場合の例（1）

　ぼくは、犬の方が飼いやすいと思います。犬はもともと飼い主に従順な動物で、きちんと人間がしつけをすれば、人とうまく暮らすことができます。おばあちゃんの家で犬を飼っていて、普段はとても人に対しておとなしいけれど、番犬としては、知らない人が家の敷地に立ち入ろうとするとかなり大きな声でほえて、役に立ちます。ぼくとは仲良しで、遊びに行くとしっぽをぶんぶん振ってよってきてくれるので、かわいいです。

犬を選択した場合の例（2）

　私は犬の方が好きです。うちは犬を飼っていて、もう十四歳になります。私が生まれたころから一緒にいるので、もう家族です。室内犬のポメラニアンなので、テレビを見るときやリビングでくつろいでいる時に、みんながさわったりしています。おとなしくてしつけも良くできているので困ったことはありません。散歩は大好きで、いつも祖父におねだりをしています。それが祖父の体力維持にはとても役に立っていると思います。

ネコを選択した場合の例（1）

私はネコの方が好きです。ネコは、自然体で自由に生活できるのでよいと思います。基本は屋内で、犬と違って散歩に連れていく必要はないし、体力のない人でも飼うことができます。また、鳴き声もうるさくありません。さかりの時期は違いますが、ほえるわけではないので、日常的にうるさいということはありません。だから私は、ネコの方が、人に頼らず自立した生活を送っていると考えます。旅行にも行け、飼い主も自由度が高いです。

ネコを選択した場合の例（2）

ぼくは、ネコの方が飼い主に負担が少ないと思います。なぜなら、その特性として人になつかないからです。ネコは、食事も生活ペースも気まぐれです。そのため、飼い主が旅行に行ったりしても大丈夫な場合も多いです。また、体のサイズも、犬に比べるとだいたい小さいので飼いやすいです。屋内で飼えるので、日本のような狭い空間で暮らす場合に適していると思います。ふとんにいっしょに入ってねることもできて楽しいです。

2

朝食。ごはんがいい？　パンがいい？

問題

みんな当たり前に食べている朝食ですが、ごはんとパンどちらかを選ぶとしたら、あなたはどちらが食べたい？

ごはんにおみそ汁、おかずの和食がいいか、パンにハムエッグや、牛乳、スープを合わせた洋食がいいか。どちらもおいしいから迷ってしまいますね。

ヒント

まずは、おうちの朝ごはんを思い出して、どちらが好きか考えてみましょう！　ごはんとパン。合うものがあったり、もちろん好き嫌いの好みもありますよね。味だけでなく、健康面や栄養面、作るときの手軽さや、お値段についても考えてみるといいですね。

まずは、ごはんやパンの食事それぞれの良いところ・特徴のあるところ。そして次に、良くないところ・問題点を箇条書きでいいので思いつくだけ書いてみよう。

ルール

- 文字数は 190 字以上 200 字以内で書きます。
- 課題の選択肢からどちらかを選びましょう。
- 段落は変えません。まず初めにどちらの意見を書くのかを明確にしてから、その理由を 200 字を目標に書いていきましょう。
- 一つの意見について書いたら、次はもう一方の意見についても、書いてみます。最初に書いた自分の本当の意見と違っていても、書いてみましょう。そうすることでより自分の考えが深まります。思っていることではないので、書きにくいと思いますが、100 ～ 150 字になってもいいので取り組みましょう。

良い点と悪い点を書き出してみる

ごはん

パン

ここまで準備ができたら、書いてみよう！

※解答例のページにある見本を読んでから書いても良いです。

解答例
P.60-61

たとえば、こんな感じ！

ごはん派 vs **パン派**

ごはん派

・健康的（ヘルシー、油が少ない）◎
・無形文化遺産になっている（世界認定）◎
・日本の伝統文化◎
・おいしい◎ ↑これはどちらも（主観）
・腹もちが良い！おなかいっぱいになる△？
・作るのに時間がかかる×

パン派

・あっという間に食べられる◎
・用意が簡単なので忙しいときに良い◎
・軽くたべられる○
・おいしい◎ ↑これはどちらも（主観）
・牛乳やコーヒーにあう（ヨーグルト・フルーツ）○
・手作りもできる○
・菓子パンならそのままたべられる○

結論（けつろん） ← 具体例（ぐたいれい） ← 理由（りゆう） ← 結論（けつろん）

[　　年　月　日]

❷ 朝食（ちょうしょく）。ごはんがいい？ パンがいい？

結論 ← 具体例 ← 理由 ← 結論

[　　年　月　日]

解答例

② 朝食。ごはんがいい？　パンがいい？

レベルアップ　自分で考えた選択肢と逆の選択肢も書くことができるように練習しましょう

ごはんを選択した場合の例（1）

朝食は、ご飯の方がいいと思います。まず、私は日本人なのでご飯が好きだし、しっかり食べるとエネルギーもあり、お腹もあまりへりません。また、おかずも日本食は色々バリエーションに富んでいます。肉でも魚でも、乳製品でもなんでも選べるので種類が豊富です。満腹感があるので、ご飯はやっぱり腹もちがよいという人が多いです。私は納豆と卵かけごはんが大好きなので、それだけで満足です。

ごはんを選択した場合の例（2）

ぼくは、朝食はご飯の方がいいと思います。日本の和食は、世界でも高く評価されています。和食が無形文化遺産に認められたのは、その内容が栄養バランスがとれて健康的だからです。その次に、おいしさもあります。支度をする手間は、パンよりも時間がかかるけれど、ぼくはやっぱりご飯の方が好きです。みそ汁も好きなので、あったかいみそ汁とごはんを毎朝食べています。学校で元気でいられるのは朝ごはんのおかげだと思います。

パンを選択した場合の例（1）

　私は、朝はパンの方がいいです。簡単に作れるし、お金もパンの方が安いと思います。

私は朝、あまりおなかがすいていないので、トーストやクロワッサンなどの方が食べやすいです。お母さんがいつもミキサーで野菜や果物のジュースを作ってくれるので、それとパンで食べています。そうすると栄養のバランスもいいと思います。チーズをのせたトーストも好きです。うちの朝食はほぼ洋食で、いろいろな種類のパンを食べています。

パンを選択した場合の例（2）

　ぼくの家は、いつも朝食はパンです。お母さんがブレッドメーカーでパンを作るのが趣味だからです。朝の時間に焼きあがるようになっていて、食パンの形なのですが、クルミやレーズンやその時によっていろいろなものが入ったパンです。準備しておくと朝、焼きあがっていて、しかもおいしいので僕は毎朝、楽しみです。軽く焼いて食べるだけなので、忙しい朝は、家族のために朝食を作るなら、パンが楽でいいと思います。

3　移動手段。電車と車と自転車、どれが一番便利かな？

問題

電車、車、自転車などの移動手段がありますが、この中で、あなたはどれが一番便利だと思いますか？

この3つだけではなくて、他にも、飛行機やバス、船、徒歩などもあります。一番身近なこれらのメリットとデメリットを考えて、どの方法がどんな時に有利なのかを意識して、自分の意見を作りましょう。

ヒント

まずは、それぞれの移動手段について、メリット・デメリットを考えてみよう。時間の正確さは？　天候によって便利さはどう？　荷物が多いときに強いのは？　お金がかかるのはどれなんだろう。

いろいろな角度と観点から考えて、自分にとって便利な手段と家族にとって良いもの、など、じっくり考えてみましょう。箇条書きでいいので、思いつくだけ出してみてね。それ以外にも、自分自身のやり方で比較をしてみよう。

ルール

- 文字数は190字以上200字以内で書きます。
- 課題の選択肢からどちらかを選びましょう。
- 段落は変えません。まず初めにどちらの意見を書くのかを明確にしてから、その理由を200字を目標に書いていきましょう。
- 一つの意見について書いたら、次はもう一方の意見についても、書いてみます。最初に書いた自分の本当の意見と違っていても、書いてみましょう。そうすることでより自分の考えが深まります。思っていることではないので、書きにくいと思いますが、100～150字になってもいいので取り組みましょう。

良い点と悪い点を書き出してみる

電車 ・・・・・

車 ・・・・・

自転車 ・・・・・

たとえば、こんな感じ！

電車 vs 車 vs 自転車

電車
- 時間が正確◎
- 駅の場所は動かせない×
- 天候にはわりと強い○
- 交通費が必ずいる×
- 運転しなくていいので移動時間を使える◎
  ex 本を読む、仕事する、ゲームする、など

車
- 全天候に強い◎
- ドア To ドア（好きな場所に行ける）○
- 駐車スペースの問題×
- 荷物の乗せることができる◎
- プライベート空間が作れる○
- コスト大きめ

自転車
- 体力がいる（体力作りになる）○
- 初期費用だけで、あとはコストかからない◎
- 子どもでも自分で動かせる◎
- 天候には弱い（大雨、猛暑、など）×
- 駐車スペースの問題もあるが車より大丈夫

ここまで準備ができたら、書いてみよう！

※解答例のページにある見本を読んでから書いても良いです。

解答例
P.66-67

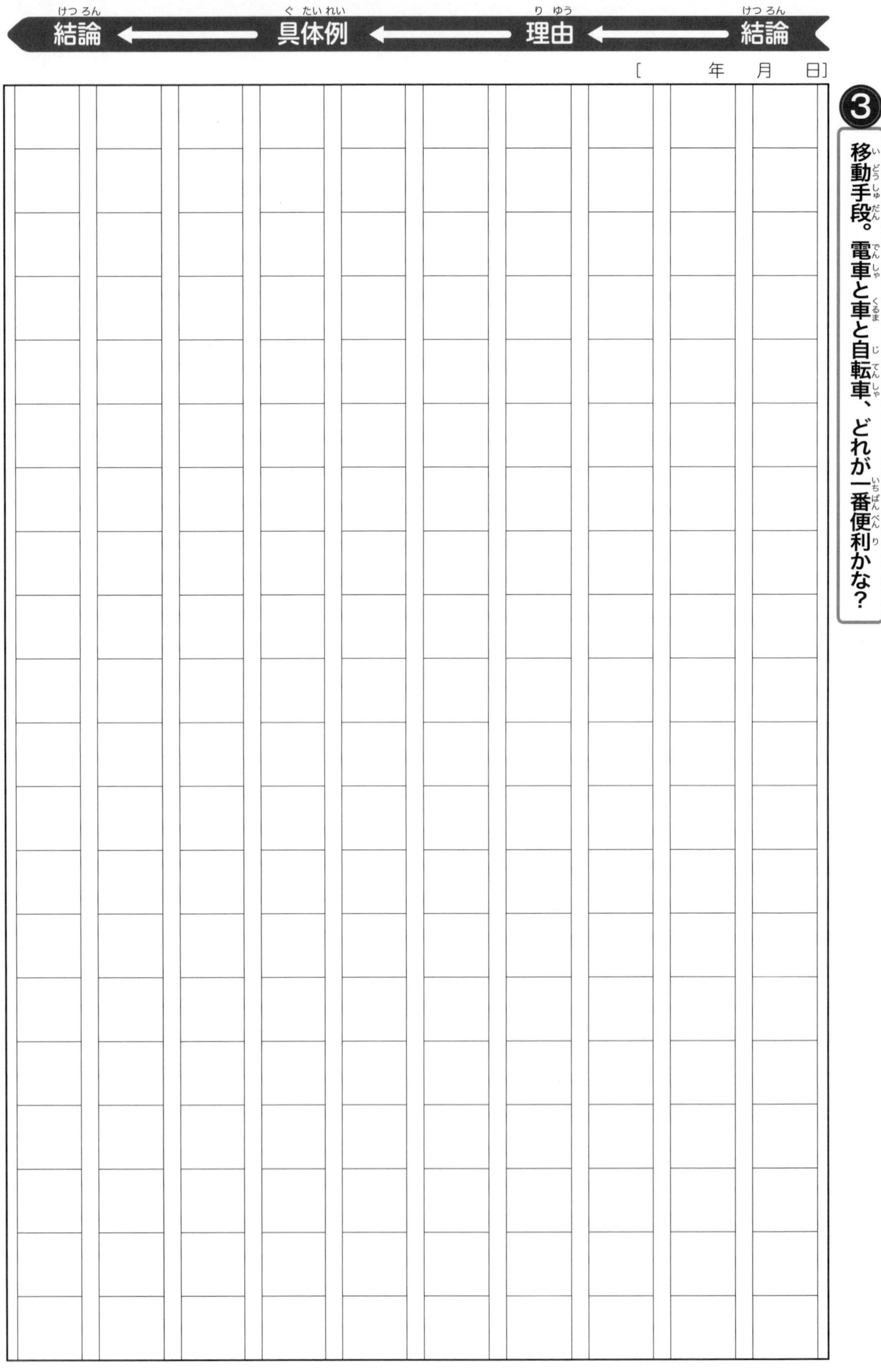

結論 ← 理由 ← 具体例 ← 結論

[　　年　月　日]

③ 移動手段。電車と車と自転車、どれが一番便利かな？

結論 ← 具体例 ← 理由 ← 結論

［　　年　　月　　日］

解答例 ③

移動手段。電車と車と自転車、どれが一番便利かな？

レベルアップ
自分で考えた選択肢と逆の選択肢も書くことができるように練習しましょう

電車を選択した場合の例

　私は電車が一番良いと思います。まず電車は時間が正確です。日本の電車は、海外に比べてもとても優秀だと言われています。だから、あまり遅れることがありません。それに運転を自分でしなくて良いので、電車の中で本を読んだりスマホを使ったり、自由に作業ができるのでいいと思います。交通費がかかることと、駅が遠い人や駅から遠い場所は不便ですが、移動の仕方としては、確実な方法だと思います。

車を選択した場合の例

　僕は車が一番便利だと思います。自分の行きたい所と今いるところを直接、行ったり来たりすることができるのは車だけです。駐車するスペースの問題はありますが、それさえ解決できればとても便利な乗り物です。また、荷物が多いときには他の交通手段より優れています。キャンプやバーベキューの時、電車や徒歩だったら、荷物が多くて困ってしまいます。電車やバスなど公共の交通がないところでも、車なら移動できます

自転車を選択した場合の例

　私は自転車が一番いいと思います。他の乗り物に比べて、子どもたちだけの判断で移動できるのは自転車だけです。人の体力を使って運転するので、とても健康的です。また、最初に自転車を買うお金はかかりますが、その後のコストはほとんどかからないので、いろんなところに行けます。天候には弱くて、雨や雷、または炎天下などは、運転できない場合もあるけれど、自由に自分の力で移動できるので最高です。

4

アトラクション系、自然系、どちらの遊びが楽しい？

問題

家族でのお出かけ。もちろんどちらも楽しいけれど、選ぶとしたら、アトラクション系と自然系どちらにする？

テーマパークなどのアトラクション系は楽しいけれどお金がかかる。海や山でのレジャーは危険もあるけど楽しい！それぞれのリスクとリターンを考えてみるといいですね。

ヒント

まずは、自分が遊びに行ったことのあるアトラクション系や自然系を思い出してみよう。もちろんどちらも楽しいのは間違いないんだけれど、あえて、それぞれのリスク・リターンを考えるよ。自由なのはどちらか、お金がかかるのはどちらか、危険があるかないか、地球環境の面ではどうか。

いろいろな角度から考えることで、楽しい遊びも違って見えるかもしれませんね。皆さんのするどい意見を期待しています。

ルール

- 文字数は 190 字以上 200 字以内で書きます。
- 課題の選択肢からどちらかを選びましょう。
- 段落は変えません。まず初めにどちらの意見を書くのかを明確にしてから、その理由を 200 字を目標に書いていきましょう。
- 一つの意見について書いたら、次はもう一方の意見についても、書いてみます。最初に書いた自分の本当の意見と違っていても、書いてみましょう。そうすることでより自分の考えが深まります。思っていることではないので、書きにくいと思いますが、100 〜 150 字になってもいいので取り組みましょう。

良い点と悪い点を書き出してみる

アトラクション系

自然系

ここまで準備ができたら、書いてみよう！

※解答例のページにある見本を読んでから書いても良いです。

解答例
P.72-73

たとえば、こんな感じ！

自然系 vs アトラクション系

アトラクション系

・ディズニーランドなどは、設備が整っている◎
・最高のおもてなし◎
・安全・安心○
・近くていい人と、遠くて費用がかかる人がある ×
・家族で行くと、年齢によって楽しめない場合がある ×
・いろいろな施設がある◎
・待ち時間や並ぶ時間 ×

自然系

・海・山・川・そのもので遊ぶときお金はかからない!! ◎
・時間や制限がない!! ◎
・危険もある △
・自由度が高い◎
・虫がいたり、きたない所もある ×
・よごれたり、あぶない場所がある ×

結論 ← 具体例 ← 理由 ← 結論

[　　年　月　日]

4 アトラクション系、自然系、どちらの遊びが楽しい？

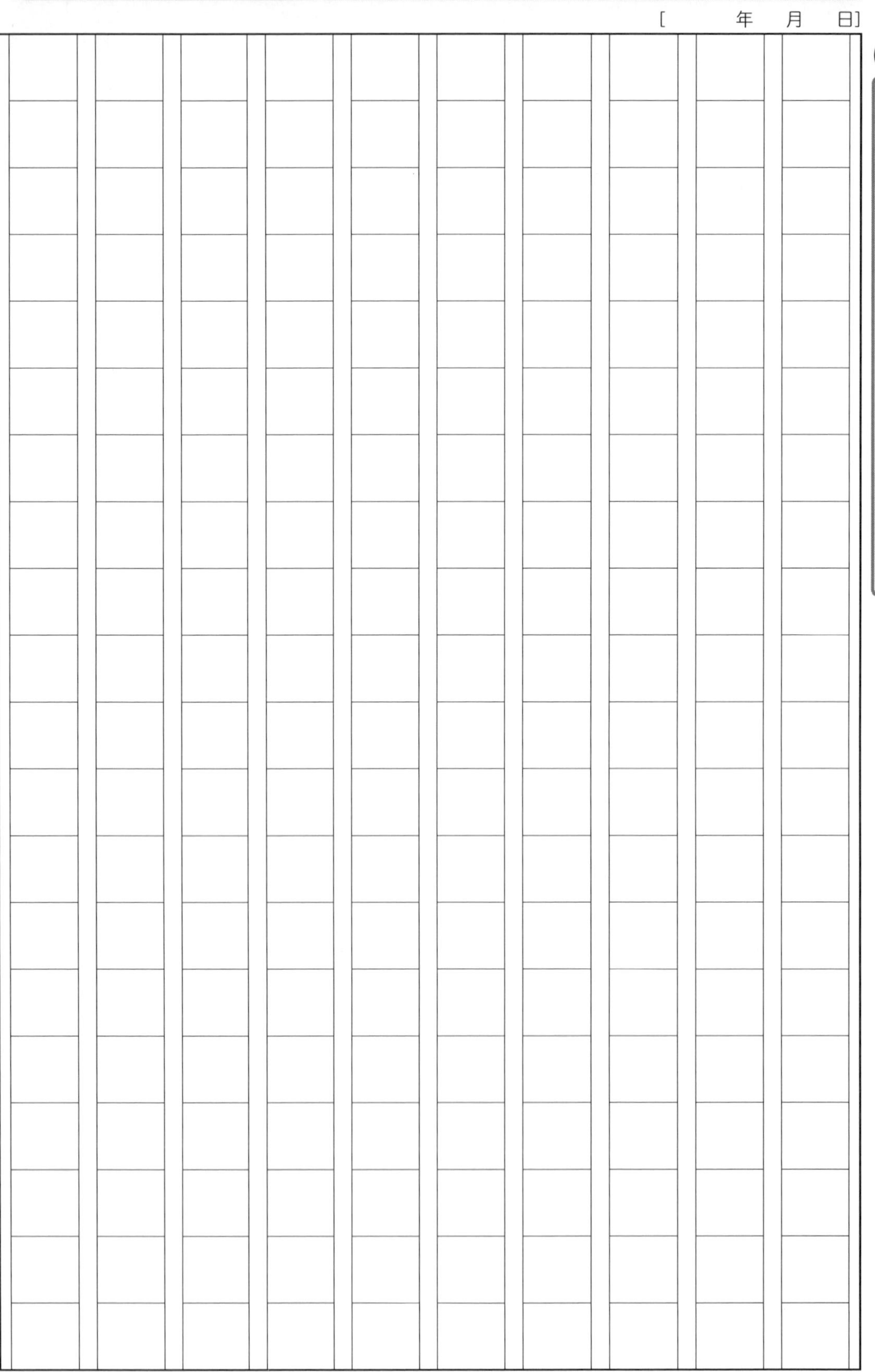

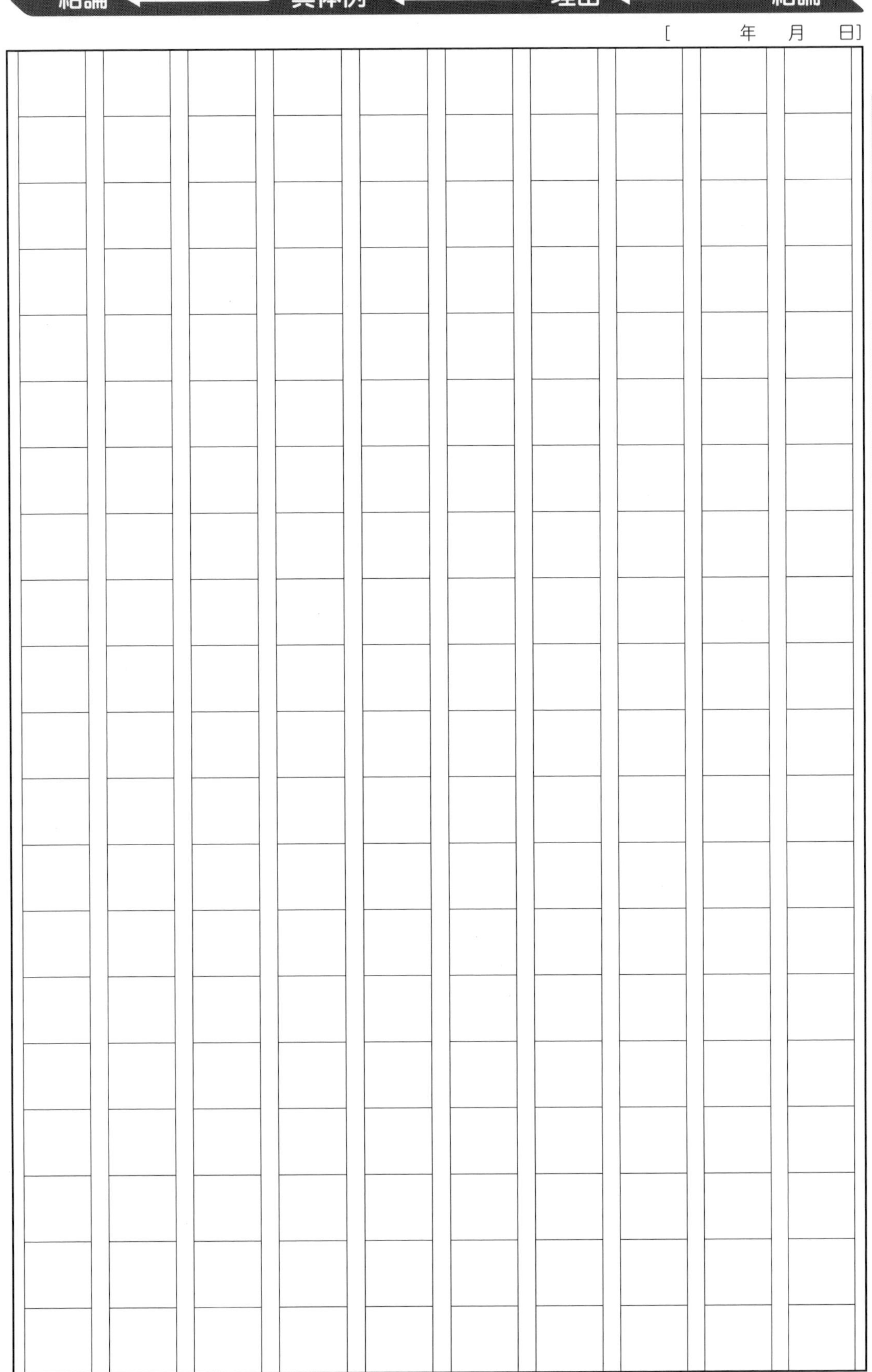
結論
具体例
理由
結論
[　　年　月　日]

解答例 4

アトラクション系、自然系、どちらの遊びが楽しい？

レベルアップ

自分で考えた選択肢と逆の選択肢も書くことができるように練習しましょう

アトラクション系を選択した場合の例（1）

私はアトラクション系の方が良いと思います。ディズニーランドやUSJなどは、楽しい乗り物やパレードがあり、エンターテインメントとして、大人も子どもも本気で楽しむことができます。そのために、家族で計画をして出かけます。安全で虫などもいなくて快適です。また、整備されているので、ケガもしません。たしかにお金はかかるし、待ち時間を嫌がる人もいるけれど、ファストパスや工夫をして楽しめばいいと思います。

アトラクション系を選択した場合の例（2）

ぼくは、アトラクション系の遊びが好きです。一番好きなのは、キッザニアです。仕事のいろいろな体験ができて、面白いです。キッゾというお金をためて使うこともできます。毎年、秋に家族で行くのがぼくの家の恒例です。最近は、ぼくよりも妹の方が喜んでやるようになってきました。今年は友達の家族と合同で行くことになっているので、いつもより楽しみにしています。飲食店のアルバイト体験を、今度はやってみたいです。

自然系を選択した場合の例（1）

私は自然系の遊びの方がよいと思います。なぜなら山や海や川など自然の場所は、気持ちがいいし、心も体もリラックスが出来るからです。夏休みに、お父さんと渓谷にキャンプに行きました。東京にいるときはすごく暑くて、こんな気温では、とても屋外では活動できないと思っていたけれど、川のそばに行くだけで涼しくてたくさん遊べました。自然の遊びにはお金がかからないし、順番を待ったりしないところも楽しいです。

自然系を選択した場合の例（2）

ぼくは自然系の遊びの方が楽しいです。それは、なんでも自分で好きなようにできるからです。自然遊びにルールはないので、自分たちで勝手に遊び方を工夫したり、体力がつくところもいいと思います。木登りも、初めは難しかったけれど、何回もやっているうちにできるようになりました。川や海には、自分たちだけではなかなか行けないけれど、家族で行ったりキャンプをすると最高に楽しいです。ぼくは自然遊びを続けていきたいです。

絵日記の宿題を早く終わらせるコツは、「旬」です。お子様の記憶が新しいうちに2泊3日のご旅行でしたら、宿泊している間に、絵日記をやってしまいましょう。

「ええー!? 旅先でやらせるのなんてイヤだわ」と思うかもしれませんが、でも、よく考えてみると、忙しい毎日で家事や仕事に追われている時よりはマシではありませんか?

夏休みの宿題 絵日記は イベント中に 終わらせる!

少しでも家事の減っている旅行中、心に余裕もあるし、夕食前の30分を使って、その日のうちに楽しい体験を言葉にしてしまった方が、絶対に効率が良く、お得です。

例えば、お子様にこんな声かけをしてください。

「川遊び（その日一番のアトラクション）、すごく楽しかったね〜。さあ、これからまだまだ楽しいことがあるから、絵日記を先に終わらせちゃおう!」お子様は、ママの声かけでだまされます（笑）。そして、次にご紹介する質問をして、それを聞き手の保護者様は、サポートするためにメモしていきましょう。

ここがポイント! メモは本人がするのではなく 聞き手側

つい、私たちがやってしまいがちな声かけは、「さあ、書いて」「自分で書いて」です。それでお子様が書くならいいのですが、なかなかそうはいきません。ですから、簡単に宿題を終わらせるためには、私たちはサポート役に徹します。マネージャーですね。結果、そのほうがお子様にとっても、書く近道になるのです。

例えば、「川遊び、どうだった?」「音はどんな音がしていたかな?」「においはどうだったかな?」「またやってみたい?」「どんな会話をしたかな（誰がどんなこと言ってた?　気になった言葉ある?)」「予想どおりだった?　ちがってた?」保護者様は、インタビュアーになりきってください。これ位の数の質問をして、お子様の話を聞き出せたら、絵日記の分量としては、十分足りています。プロとしてテクニックをお伝えしますと、文章にした時に引き立つのは、「五感で感じたことを言葉にしたもの」です。これが入っていると格段に作文がうまく見えますので、ぜひ、意識して書いてみてください。

書き出しは、作文の命。「五感」を使って書く

通常、お子様は時系列で文を書きます。例えば、「7月○日、夏休みに、家族4人で川遊びに行きました」という様なスタンダードな書き出しです。決してこの書き出しがいけないわけではありません。もちろんそのままでも良いです。でも、すばやく30分で絵日記を終わらせるには、これをやめて、音や言葉から入ってください。

第4章

400字の作文を書く

４００字の文章構成

序論・本論・結論＆起承転結よ、さようなら！「対比の構図」「課題・解決・提案」二つができれば、社会生活で必要なものは、ほとんど書ける。

基本の形を習っていないから書けないだけ

皆さんは文章を書くときに、その型や構成を意識したことがありますか。私のところに書けないと困って来てくださるお子様のほとんどが、何の型も知らず、見本もなく、ただ書けないと困って、課題の前で固まっています。これは**学校教育の中で人に伝わる文章を書くための方法（書き方）というものが提示されていない**からだと思います。本来あるべき基本の形を学んでいないのだから、できるわけがありません。

例えば、どんなスポーツやどんな科目でも必ず基礎のやり方を教えてからやりますよね。それに関しては先にも述べましたが、何故か作文だけは「さぁ、書きなさい」とでも言うかのように、方法の提示や型の指導があまりありません。宿題の日記、行事に関する感想文、遠足の後の作文、運動会の感想。小学校低学年から、いきなり丸投げでまとまった文章を書くように要求されている気がします。そこで、これまでの章で、型をしっかり作った２００字の意見作文を書いてきたわけです。それに加えて、**この章でお伝えする「二つの型」**があれば、怖いものなし！　ほとんどの意見作文・論文は作れます。

結論は冒頭に入れる

繰り返しになりますが、あおぞら作文メソッドでは、**結論は冒頭に。これが伝わりやすくするコツ**だと教えています。

例えば、**「私は、メジャーで活躍できるような選手になることについて重要なのは、理論に基づいた基礎の努力と、瞬発的な判断能力だと思う」**という■（結論）があったとして、悪い例として「序論本論結論」の書き方だとこうなります。

▲（序論）「まず初めに、私はスポーツが好きです。子どもの頃から両親とプロ野球を見に行くのが楽しみで、スポーツ新聞を読むのを毎日日課にするような子どもでした。そんな私が…」●（本論1）「さて、最近のメジャーリーグのX選手の活躍には目を見張るものがあります。日本人は誰もが誇りに思っています。日本選手では、初の2年連続3回目のMVPを獲得した上に、盗塁や安打の記録まで！　やはり、素晴らしい、の一言です」●（本論2）「取材されている範囲の中で、彼が突出しているのは、高校生などの若い頃からの管理能力の高さです。コツコツ努力を重ねるために、曼荼羅チャートを使ってやるべきことをまとめ、それを確実に実現していくことです」「次に、彼が素晴らしいのは、決断する力です。彼がとある町で地震に遭った際に停電があり、その時、誰よりも早く〇〇という行動に出たことが有名です…」■（結論）「以上のことから私はメジャーで…」

と、なるわけですが、**先に④の結論を伝えた方が、何が言いたいのかを理解してから具体例を読むことができます。今の時代は文章を「読まない」人が増えていますから、結論を最初に持ってくることが最重要になっている**と考えましょう。

①対比の構図と②課題・解決・提案という二つの型

さて、そこでこの章では、400字を書く上で、**新しい型として皆さんに参考にしていただきたい型を二つ、ご紹介したいと**思います。それは**①対比の構図、②課題・解決・提案**です。

この書き方二つは、普段のビジネスシーンのメール文章や、課題制作、企画書、報告書、プレゼンテーションなどにも根幹の部分で使っていただける書き方です。受験生やお子様だけでなく、どの年代の方も参考になると思いますので、ぜひ覚えて使いこなしてください。

この二つの型で、ほとんどの意見作文・論文は書ける

私が学校で習った記憶があるのは、「序論・本論・結論」や「起・承・転・結」です。どちらも、もちろん文章の型として大変有名ですし、成立しています。もちろん正しい型だと思います。ただ通常は、お子様たちに、「序論本論結論（はじめ・なか・おわり）で書きましょう」という言い方で説明しても、いったい何を書けばいいのかわからないというのが正直なところではないでしょうか。

日本語的に、序論は「はじめに」という意味ですから、何か前置きを書くのかなということはわかるのですが、具体的にどうすれば良いのかわかりません。また、本論のところに自分の意見や検証を書き、最後に結論を書くのですが、**この書き方は、あおぞらメソッドでは推奨していません。**

対比を出すと、自分の意見がわかりやすくなる

一つ目は、「対比の構図」です。200字の単元でまずは二つの選択肢を出して対比させて考える方法をレクチャーしました。この意見Aと対比するBの意見を使うと、両方使って400字を作ることができます。効果は主に二つあります。まず、反対の意見を使って書くことで**文字数を伸ばせる**という面。次に「たしかに」という接続詞を使って、「Bという意

見もあることはわかっているけれども、やはりAなのだ」という主張をします。**より広い視点から相手を納得させると言う面で、大変有効**になります。

そこで、この**対比の構図**です。まず、結論を先に書きます。受験の場合は、問題として問われていることにズバリと要点について答えます。その結論を書いたら、理由と、具体例を書いていきます。**その際に、単なる具体例を書くだけではなく、対比を持ってきて、さらにわかりやすくする**というテクニックです。

77ページの野球選手の例で言うと、■**（結論）**を書き、次に理由として●**（本論1）**●**（本論2）**を書きます。▲**（序論）**はいらないので書かずに、★**（対比）**として、「たしかに、誰もが知っているような有名なスポーツ選手になるためには、持って生まれた身体的才能や、指導者や仲間に恵まれる運こそ大事だと言う意見もあるだろう。だが、やはり私は…」と対比する意見の良いところを引き合いに出します。そして、再度、■**（結論）**を言葉の繰り返しにならないように入れれば完成です。**この方法を使った犬とネコの400字作文は、次のページの例**のようになります。

①対比の構図

一つのテーマに対して概ね、大きく二つの対比する意見を出し、そのどちらかで書く

テーマに対する意見はいくらでもある

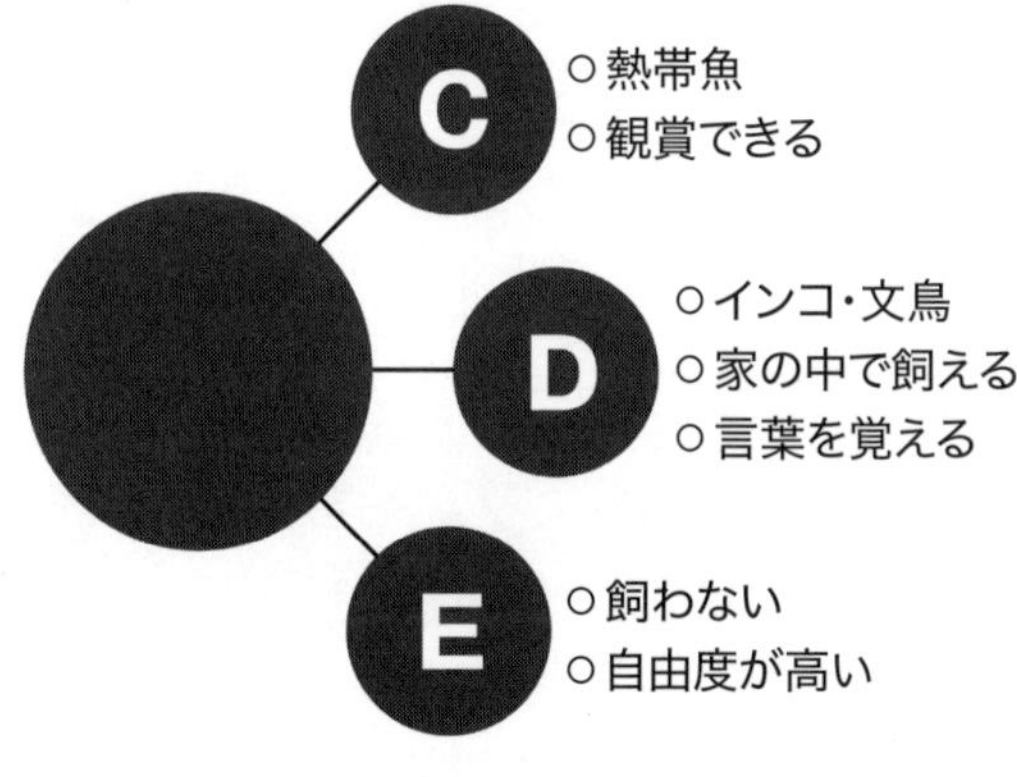

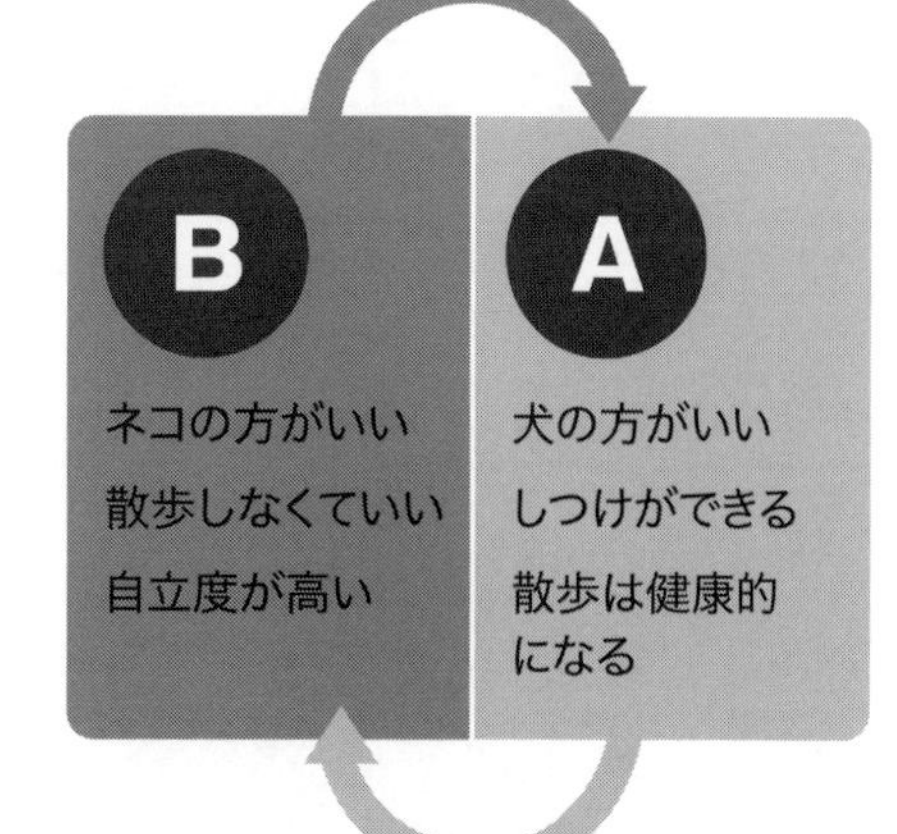

①対比の構図

序論・本論・結論にさようなら！
対比を使ってものごとを考えるクセをつける。

A
○まず自分の考え、伝えたいことを書きます。

その理由
○その理由を、相手が納得するように、具体的に説明します。

私は動物を飼うとしたら犬がいいと思います。理由は、犬はしつけができるし、散歩などするので、自分の健康にも良いからです。
また、飼い主に従順なので、とても可愛いと感じます。
私の祖母の家では昔から柴犬を飼っていました。とても仲が良く、祖母が「なに？お散歩行きたいの」というと、ワン！と、答えているときなど、まるで会話をしているかのようです。

犬とネコの対比です。結論をどちらにするか選んで決めます。結論を、まずははじめの段落にしっかり書きましょう。

祖母の家にいる犬のお話ですが、理由として、どんなふうに可愛がっているのかや信頼関係などを具体的に説明できると良いですね。

B

○「たしかに」という魔法の形容詞を使ってあえて対比する反論を書いて比較対象とします。

でもA

○でも、やはりAという形で、かつ、最初に書いた言い方と違う言葉の言い換えをして、Aが良いということを伝えます。

たしかにネコなどの方が毎日散歩に行かなくてもいいし、ずっと家の中に一緒にいることができます。また、自立できるネコも多いので、一泊程度なら旅行にも出かけられます。飼い主の自由度はネコの方がかなりあります。

でも、うちの祖母と犬の関係を見ていると、信頼関係があり、むしろ毎日の世話が祖母の生きがいになっていると感じます。だから私は、やはりペットと暮らすのであれば、犬を選びたいと考えます。

［400字］

反対意見をここに入れます。「たしかに」ネコのほうにもこんな利点がありますよねと、対比の欠点ではなく、良い点を挙げて、逆にAの良い点を目立たせます。

ラストは、最初に書いた結論と同じにならないように、言葉を言い換えて結論を作ります。より広い視点で抽象的にまとめられると、作文がうまく見えます。

課題→解決→提案の3ステップ

二つ目は「課題・解決（現状分析）・提案」です。論文を書くときのスタイルですが、**課題を浮き彫り**にし、**その現状分析をし、最後に提案を書く**という三つのステップがあります。課題は、社会課題などの場合もあると思うのですが、都立高校推薦入試などの資料を読んで課題について書く問題などもこの型で書くと評価されます。論文の書き方として有名なものですが、あおぞら作文メソッドで**最も大切にするのは、「提案」**の部分です。

いかに自分の視点で提案ができるか、が「うまい」のコツ

作文として「うまい」と思われる評価のポイントは、いかにその課題について独自の提案ができているか、が重要です。この書き方を知らないと、8割以上の方は「課題と現状分析や解決策」だけを書いてしまいます。もちろんその二つが重要であることは間違いないのですが、それを的確に分析した後で、**独自の目線、自分のものの見方、価値観**でいかに説得力のある内容が書けるか、これが「うまい文章」または「文章がうまい人」と言われるコツです。イコール、受験に合格する作文、でもあります。**次ページにある、スマート農業の400字作文を参考に、この型で自分の意見を書いてみてください。**

自分の課題・解決・自分のための提案

お願い論文は、ダメ。相手の利益

課題
- ○書きたいテーマの課題や困ったこと、伝えたいこと
- ○自分の要望・社会課題

解決
- ○現状分析や今現在、誰か、何かが対応していること
- ○他者（人）、諸外国（場所・環境）、歴史や過去（時間軸）との比較

提案
- ○二つのステップを踏まえた上で、自分の意見や考え、展望
- ○〜すべきだ、〜していかなければならない、こうなっていくだろう

あなた課題・解決・あなたのための提案

WIN WIN プレゼンテーション

課題
- ○相手が書いて欲しいテーマの課題や困ったこと、伝えたいこと
- ○学校側の要望・困っている人を助ける社会課題や知識

解決
- ○現状分析や今現在、誰か、何かが対応していること
- ○他者（人）、諸外国（場所・環境）、歴史や過去（時間軸）との比較

提案
- ○二つのステップを踏まえた上で、相手の意見や考え、展望を尊重
- ○〜するとこんな風に改善されていきますよ、課題が解決します

② 課題・解決・提案

起承転結は、物語の書き方。
何かについて「伝えたい」ときは3ステップで書く。

課題

○書きたいテーマの課題や困ったこと、伝えたいこと
○顧客の要望・社会課題

解決

○現状分析や今現在、誰か、何かが対応していること
○他者（人）、諸外国（場所・環境）、歴史や過去（時間軸）との比較

　いま、日本の農業は高齢化や労働力不足といった課題に直面している。2030年には労働人口は四分の一に減少すると言われている。

　この状況を解決する手段として注目されるのが「スマート農業」だ。ICTやIoT、AIなどの先端技術を活用し、センサーを使って土壌や作物の状態を把握し、適切な施肥や水やりなどの作業が楽になることや、より少ない人数で生産性を上げることができると、

課題は、人口減少や地域活性化のような社会課題でも、我が家にもっと使いやすいプリンターが必要、などのものでも OK

解決の段落には、データや具体的にその課題に対して行われている現状分析を書く

提案

○二つのステップを踏まえた上で、自分の意見や考え、展望

○～すべきだ、～していかなければならない、こうなっていくだろう

労働力不足の解消も期待されている。

　そこで、私は、国や地方自治体がこれらを推進する助成金や補助金を出し、就活生に地方への移住を呼びかけるべきだと考える。都市に集中する若い労働力を、必要な地域で活性化させ、若い世代の農業への参入を促進することが目的だ。

　スマート農業は、技術の普及と人材育成を進めることで、持続可能で競争力のある日本農業の実現に必要不可欠だ。

［400字］

一番大切なのは、提案。しっかり自分の意見を作って、メリットのある提案を書く

現状分析で、相手に納得してもらえる主張をすると良い。現状がうまくいっていない理由を、次に書く提案と繋げて導き出す

その言葉、確認してみよう！

×	○
話し言葉と書き言葉	
やっぱり	やはり、結局
わかんない	わからない
あんまり	あまり
つまんない	つまらない
あたし	わたし・私
めっちゃ	とても・非常になど強調
すごく	とても・非常になど強調
～なきゃいけない	～なければいけない
～しちゃった	～してしまった
なんか	何か・なにか
やだ	嫌だ
きもい	気持ちが悪い
めんどくさい	面倒だ・面倒である
だめ	良くない
まじで	本当に
ホント	本当
○○とか ○○とか	○○や○○、または○○
やっとく	やっておく
わかってる	わかっている
やばい	非常に○○、とても○○ など肯定も否定も強調
こんな感じ	このような感じ このような様子で
かっこいい	格好がいい
こないだ	このあいだ、以前
～けど	けれど
やっちゃった	やってしまいました
わかんなかった	わからなかった わかりませんでした

×	○
い抜き言葉	
食べてて	食べていて
○○してて	○○をしていて
やってて	やっていて
寝てて	寝ていて
書いてて	書いていて
忘れてて	忘れていて
考えてて	考えていて
ら抜き言葉	※基本は、可能の意味がある場合で、らが抜けているときに足します。
見れない	見られない
食べれる	食べられる
来れる	来られる
寝れる	寝られる
見れた	見られた
知れた	知られた
降りれた	降りられた
接続詞、文のつなぎ	
なので	だから・そのためなど順接
あと	さらに・それになど添加
けど	しかし・でもなど逆説
だって	なぜなら・理由は
だけど	しかし・でもなど逆接
やっぱり	やはり・結局など
書けないんだけど	書けないのだけれど 書けないのですが
待っているんだけど	待っているのだけれど 待っているのですが
わからないんだし	わからないのですが
できたんだ	できたのだ・できた
欲しかったんだ	欲しかった
遊んだんだ	遊んだのだ

※まだまだたくさんあります。

コラム 4

生成AI時代の新しい書き方のはじまり

弊社の教室で運営している「受検作文論文アカデミー」という中高生向けの塾があるのですが、そこの生徒たちや講師の大学生・大学院生から生成AIを使用している話をよく聞きます。大学生の論文はもちろん、高校生もすでに上手に宿題や受験勉強をやっています。いや、家庭教師のように使いこなしている生徒もいます。

皆さんは生成AIを使いこなしていますか? 生成AIは使えば使うほどその凄さが見えてきます。私自身はまだ、あまり使いこなせていませんが、いずれ自分も使いこなしていくのだろうと期待をしています。スマートフォンを私たちがもう手放せないように、生成AIを手放せなくなる日はいずれやってきます。

ただ、もし、生徒の添削を生成AIに任せてみて、自分より優秀な解答をされてしまったらと考えると、まだ本格的に使用するのが怖いのです。考えるとゾッとします。でも、どこかでそれを望んでもいて、はぁこれで楽になる、とも思います。本当に、大変な時代になりました。

本書は、本文の部分は意地でも絶対に生成AIを使うまい、と思って使っていません。でも、一部だけ、ChatGPTを使って敢えて調べてみました。このコラムの中にある話し言葉と書き言葉の例です。まずは「小学生が書くときに間違える話し言葉を、50個出して」と質問してみました。ものの30秒で50個を出してくれましたが、その中で本書に収めたのは、10個弱です。「大人の間違いも含めて、さらに50個教えてください」と頼むと、またすぐに出してくれますが、使えたものは7、8個です。100個のうちで17個程度とは正解率が少なすぎます。内容はさておき、項目出しの「速さ」は、彼らは人知を超えた速度でその仕事をこなしてしまうのですから、本当に落ち込む気分になってしまいます。

私は今後数冊の本を出そうと思っていますが、もしかしたら本文を作成するときにChatGPTを使わずに作った本は、これが最後になるかもしれませんね。私たちは、ChatGPTとは違った人間の個性を打ち出していく方法を考え出さなければなりません。本書に書いた3か条は、既に彼らのテクニックの中には当たり前のようにあります。翻訳ソフトなどもそうですが、目を見張るほどの発展がこの数年で起きました。さらにまた数年後、私たちは信じられないような新時代に生きているかもしれません。

今小学生のみなさんが大人になって子育てが終わる頃、「お母さんの頃はね。手書きで学校の試験を受けていたんだからね」「へー、なにそれ。PCじゃなくて手書きってどうやってやるの?」などと言う会話が当たり前のように行われているかもしれませんね。

今回ご紹介するのは、当教室での正式なカリキュラムでもある言葉遊び、文章リレーです。「運動会でやるリレーってあるでしょ。あんな感じに言葉でリレーをやってみようよ」と言って、始めのフレーズを作ってあげてください。突拍子もないようなものの方が盛り上がります。

例えば、「黄色い風船が飛んでいたので。はい、続き言える人～」手を上げたらバトンタッチをして、続きをお子様に作ってもらいます。「取ろうとしたけど、われちゃって。次、お父さん」「えーっと、ケンが泣いたからもう一つ水色の風船を買ってきて。はい、つぎママ」「渡したら急に泣き止みました（笑）」こんな感じです。家族全員で一つの文章やストーリーを作っていきます。

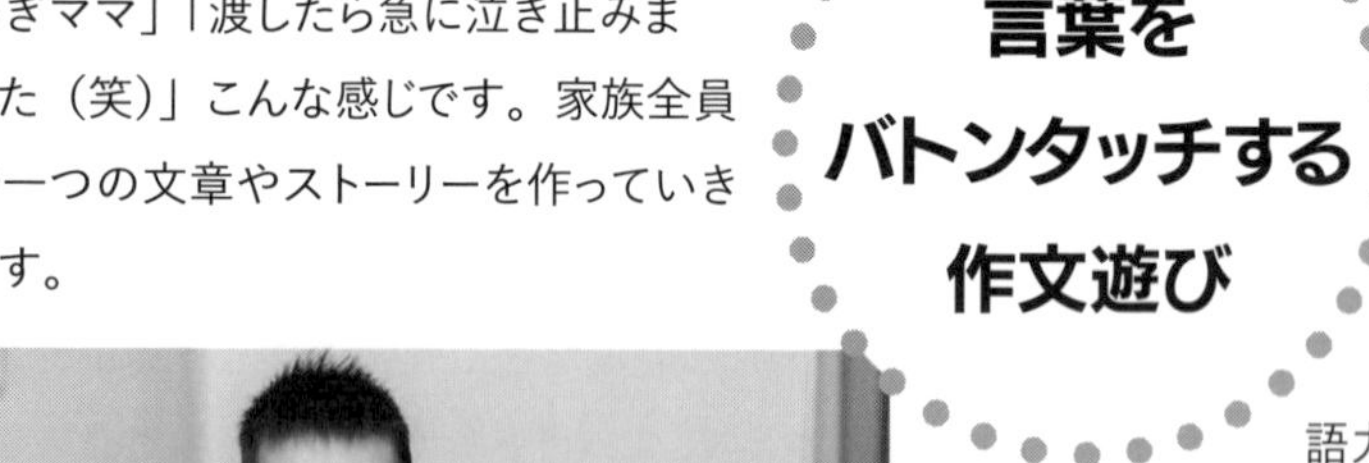

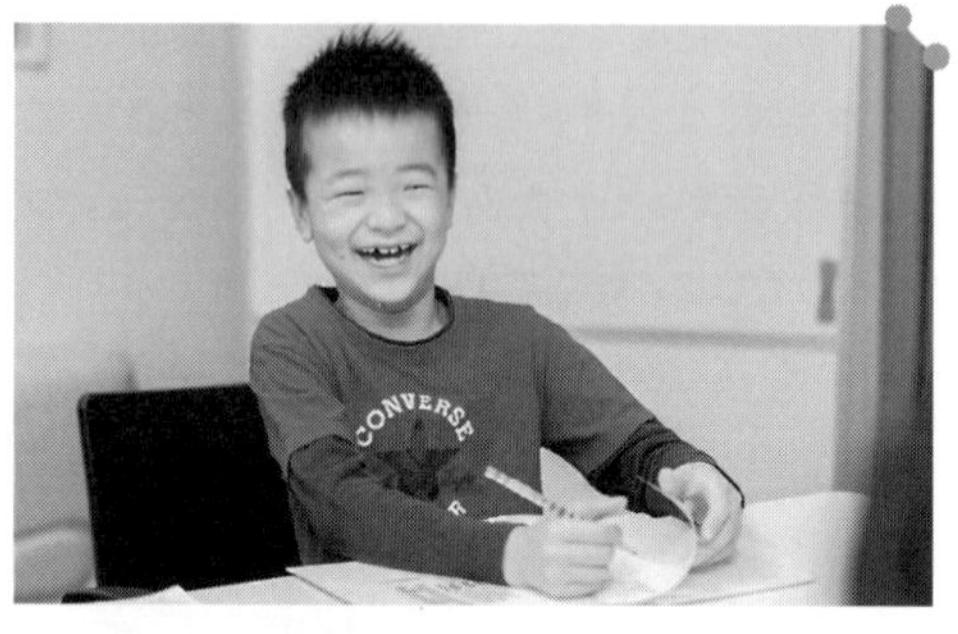

慣れてくると大人は抜きでも盛り上がる

コツとしては、どんなに変な文章や変な内容でも、口を出さないこと。お子様ってすぐ登場人物にけがをさせたり、宇宙に連れていったり、う○ちを出してきたり、大人としてはあまりうれしくない方向に物語をもっていきます。それでも汚いとかひどいなどと怒ったりせずに見守りましょう。慣れてきたら、これは大人が抜けてしまってお子様同士でやらせると良いです。

やり方だけ教えて、放っておいたほうが、げらげら笑いながら、楽しんでいきますよ。文章に慣れるだけで良いんです。どんな文でも良いんです。楽しむことこそ重要です。

体験と言葉が重なって情緒が育つ

今回ご紹介している言葉遊びは、どれも簡単に道具もあまり必要なく楽しめるものです。大切なのは、「楽しい!」という気持ちで、ご家族がそろった時間の中で、ぜひたくさんの言葉に出会い、お子様と体験を共有し、それを言葉にして味わってください。たくさんの体験とそこで使われる言葉が重なり、お子様の情緒を育て、ひいては表現力や国語力の礎となっていきます。

お子様の言語適応能力を育てるのはご家庭ともいわれています。氷水に足をいれたら、「わー、キンキンに冷たいんだね!」とか、画面で真っ青な海を見たら「夏の海ってこーんなに青いんだね」など、頭に浮かんだことを、ぜひ、言葉にしてください。

たとえば、美しいという言葉であれば、一緒に見た海の色、お花、なんでも良いのですが、それを一緒に見たときに「うつくしいね」と大人が言葉がけをすることでお子様の心にスッとその情緒が染み込んでいきます。「おいしいね」「うれしいね」お子様がその気持ちを味わっているだろう、その瞬間に、ぜひ、言葉に出してお互いの感じたことを伝えあってください。

第5章

あおぞら作文メソッド

学習にとって大切なこと、私たちがしていくこと

いろいろな個性を持った人たちが、本気で楽しんで、遊び、学ぶ。そんな場所を作りたい。こんな想いであおぞら作文教室はスタートしました。文章を書くことが好きな一人のライターが、娘に楽しく書くことを教えたいとはじめたクラスから、現在に至ります。最終的に私がここまでの指導経験で、お子様の書く力を伸ばすために一番必要だと思っているのは、「子どもが自分自身の考えに、自信を持つこと」です。

そして、それは自己肯定感を高め、自己実現の道を拓くと私は信じています。そもそも学習の第一義は、子どもが目標を持ち、「自分の力で」勉強していく力を身につけることだと思います。

『教育の目的は、各人が自己の教育を継続できるようにすることにある』

デューイの教育論より

私は介助員をしていたある日、学校教員用の教務日誌の欄外でこの言葉を見つけ、衝撃を受けました。「各人が自己の教育をできるようにすることにある」。私たちが目の前の子どもたちにしていることは、そうなっているでしょうか?一人一人のお子様が、自己の学びを確立するために、私たちに何ができるだろうか。いつもそう考えています。弊社の、講師信条というものがあります。

育む　守る　信じる

この三つを心に刻み、お子様の成長を信じて、良き見守りの大人として第三の居場所を作っています。第一がご家庭、第二が学校などの所属組織、そして、第三がそれ以外の居場所です。私たちは信頼できる大人として第三の居場所にいる必要があると思っています。様々なカリキュラムや遊び、たくさんのテクニックがありますが、その中でも大切にしているあおぞら作文メソッドをこの章ではご紹介していきます。

1 本当の「学び」は「遊び」の中にある

私は、本来、子どもが自分から自宅学習や塾の宿題を進んでやるという事は無理だと考えています。理由は、こうです。子どもにとって、本来の「学び」は「遊び」のことだからです。かつての遊びの中ではいろいろなトラブルが起きる仕組みになっていました。そのトラブルを解決しながら遊ぶこと、これこそ本当の学びだったはずです。例えば足の速い子と遅い子が一緒に缶けりをやって楽しむにはグループ分けをどうするか、1年生と4年生で一緒にはさみ将棋を楽しむにはどんなハンデをつければいいのか、など、集団で、多学年で、遊ぶためにいろいろな事柄に対応し解決していき、問題解決力が身についていきました。そんな中からリーダーの資質も身につき、役割分担もできたはずです。でも、現代社会にはそれがありません。大人がけがや事故（子どもたち同士の衝突も含めて）を恐れるあまり、いろいろな場所や場面に様々なルールを設け、きちんと「安全に」整備してしまったからです。今や公園でキャッチボールもできません。そしてゲーム機が子どもの遊びのド真ん中です。結果、たぶん悲しい子どもの事故は減ったはずです。世の中は安全になったはずです。でも、よくなったことばかりでしょうか。失ったものもあるのではないでしょうか。私は、子どもたちとの関わりの中で、こう考えています。

失ったもの① 子どもが自分たちで考える力
失ったもの② 子どもの体力
失ったもの③ 子どもの書く力

子どもが悪いのでしょうか？　親が悪いのでしょうか？　いいえ、みんなが良かれと思って決めたルールや現代社会がそうさせているのです。子どもは、学校や塾で何時間も勉強しています。習い事もたくさんしています。でも、本来あったはずの能力が失われつつある。悲しいことでもありますが、真実です。

介助員や塾講師をしていたときに、よく思ったのですが、正直多くの授業は決められたことをやるだけで、こま切れでつまらないです。あらかじめやることが決まっているプリントや教材をやるだけですから。ご自身に置き換えてみましょう。一日誰かに与えられたつまらない仕事をして帰宅するや否や、「また仕事だよ。はい、このドリル」と何か決められたものを与えられたらどんな気持ちになるでしょうか。創作意欲や考える力が湧くでしょうか。私は、そのことに気づいたので、誠心誠意お子様の手助けをします。まるで遊んでいるかのように、書き方を教えたいと思っています。本来は学ぶことは楽しいはずです。時には、弊社のこの考え方は「甘やかし」に見えるかもしれません。遊ばせているだけに見えるかもしれません。実際に、お子様をかなりの部分フォローしているのですが、プロとして、お子様が「自分で書けた！　おもしろかった！」と思うように勉強させます。答えの部分を、お子様が自分で見つけるヒントを出し続け、徹底的に達成感を身につけます。わからないのは当然です。だって、そのために指導者がいるのですから。そして、彼らは、今まさに学んでいる途中なのです。本書のドリル部分に取り組む際にも、見守りの大人の方は、ぜひこのことを忘れないでいただきたいです。

2 ほめる。安心させると自然に伸びていく

自己肯定感を養うために本気で、そのお子様の強みを見つけます。そして、お子様を国語好き・作文好きにするためにやっていることは、どこが嫌いでどこが好きなのか「一緒に考えていくこと」。たとえば「漢字が嫌い」というお子様の場合。漢字テストが出来ないから嫌いなのか、覚えられないから嫌いなのか、書くことが面倒だから嫌いなのか。タイプに合わせてやり方を一緒に考えていきます。書くことが単に面倒なだけのお子様には…たとえば宿題は10個書くことだとしても、「3個でいい。○○君は頭がいいから大丈夫。でも、その代わり3回はきれいにしっかり書くこと!」

作文指導でも、同じことをそれぞれのお子様に合わせてしています。特に苦手意識のない場合は、どこを伸ばせるか見極めていき、「○○さんは、想像力があるから例文がスラスラできるね。普通の3年生よりかなり書くのが速いよ」などと正直にほめます。とにかくほめます。ほめられると嬉しいですし、何より「これでいいんだ」と安心しますよね。

今の学校教育の現場は、「公平・公正・平等」です。または贔屓と受け取られるのが怖いのか、お子様を個別に評価しない方向性です。そのことによってお子様は「あなたはそこがあまりよくできていない」と指摘してもらえず「そう、そう、それでいいのよ。あなたはそこが優れている」とも言われていないのです。それぞれのお子様に、必ずほめたくなる長所はあります!

そこでこのあおぞら作文メソッドでは、簡単な短い作文を一緒に書き、良いところを見つけて誇張してほめていくのです。そのことで、子どもは「私はこういうことが得意なんだ」と意識することができ、自信を持って力を発揮するようになるのです。

3 遊び（遊び心）こそが本質。子どもの脳は、楽しいことだけを吸収するスポンジです

1でも述べましたが、私は、子どもとは本来「遊びが好き」だと考えています。むしろ、遊びこそが子どもの「本質」。子どもは、どんなときでも遊びを通して思考力や空間認知、五感の発達をしていくことをいつも現場で実感します。ですから、授業の時間の中でも、必ず遊びの要素を何か所かに入れます。なぞなぞ、しりとり、ダジャレなど遊びの要素を取り入れることが多いです。コラムの中に遊びの要素を入れていますが、時には動画を見せたり、折り紙、工作はもちろんのこと、体をほぐす動きなどをやる時もあります。国語の読解問題に関しても、子どもたちに「さて、ここでクイズです」というような遊びの気持ちで取り組んでほしい、と考えています。お子様の脳というのは「楽しい！」と思った時にだけ吸収するスポンジのようなものです。その気持ちをあおぞら作文メソッドは、とても大切にしています。

4 言葉あそび・短作文・初見音読、そして競争と限定

遊んでいるだけになってしまわないかしら？　と、ご心配かもしれません。教室を見に来ていただくとわかるのですが、子どもたちは、むしろ遊びをうまく取り入れることで、まるで遊んでいるように作文の技術を習得していきます。言葉遊びのなかでは、作文を書くときに必要な言葉の引き出しをどんどん増やしていきます。会話の中で、語彙の使い方を学んでいきます。ただ遊んでいるのでは授業とは言えません。コツとして、遊びの中に、私たちは必ず「競争」と「限定」の要素を入れています。ただし、あまり結果をあおる形にはしませんし、私たち自身は結果にはこだわりません。でも、子どもたちは張り切ってやってくれます。実は一番結果が気になっているのは、子どもたちなのです。例えば、教室で初見音読という、初めて開いたページを音読す

るというやり方をするのですが、この場合、講師のやることは「タイマーで秒数を計る」のと「読み間違えた所をチェックする」だけです。この2点を強調することだけで、子どもたちは俄然やる気になってくれます。つまりゲーム性が出て楽しくなるのです。単なる音読ではなく、楽しいと感じているから、音読に集中できますし、内容も吸収してくれます。数人の子どもたちが集まるだけで盛り上がります。また、学年や性別、能力が違っていても、うまくハンデをつけながら一緒に競い合うことができます。子どもたちの吸収力と楽しむ姿ほど尊いものはありません。

5 とにかく嫌いにさせない。作文や国語を「好き」にさせたらそれで勝ち

国語に苦手意識を持っているお子様のうちの、半数以上は、本質的な国語能力ではないところで「なんとなく嫌い」と思ってしまっています。漢字の宿題が面倒、無意味に書かされる週末日記の宿題、塾の難しすぎる読解問題、繰り返すだけの音読などなど。いまの教育環境には、お子様が国語嫌いになるに十分なカリキュラムがたくさんあります。現状は、国語能力以前の基礎作りの部分で国語が嫌いになってしまうお子様がとても多いです。本来国語は、論理的思考力を作るための、とっても楽しい教科のはずなのに、もったいないことです。

嫌いにさせないために、まずはほめて、得意意識を持たせます。「すごい、ヒント出せばわかるじゃない！」「大丈夫、すごくいい感じにできているよ」「大丈夫、今やっている学校の国語が面倒なだけだよ。これからどんどん国語が得意になってくるよ！」こんな声かけをよくします。好きになってくれさえすれば、国語という教科をどんどん取り込んでいく脳になって、あとは勝手にご自身で伸びていきます。

6 書くことの意味と、一人一人の子どもたちの未来と真剣に向き合う

今、書く能力が、どうして重要視されているのでしょうか。確かにこの数年で子どもの書く力は低下したと言われています。でも、それは今という社会の中で、ごく自然に子どもは文章を読まなくなり書かなくなったのですから、現代に必要ないということなのかもしれません。タブレットの導入は決定的でした。本当に、書くことへの自立が遅くなりました。考え方を変えれば、それは世の中の流れに合致したある意味では進化なのですから、逆らわず、そのままにしておけばいいとも思うのですが、教育関係者の多くは直感的に「このままではいけない」と思っているようです。

それは、なぜでしょうか。私は、人が書けなくなることを恐れるのは、書くことが食や睡眠と同じく「人間の本能」に限りなく近いところにあるからだと思っています。人は一人では生きていけません。他者と自分の考えを共有しあってこそ、「生きる」価値を感じるのではないでしょうか。書くことは、考えたことを共有するための大切な手段の一つです。ですから、書くことがうまい人＝多くの人から共感を得ることができる人、として能力が高いとみなされるのです。これを踏まえて、お子様にはこう伝えています。

① 心から書きたいと思ったことは絶対に本能で書けるから、まずは、書きたいことを見つける
② どんな出来事に対しても、自分の考えを持つクセをつける
③ 書くことは、人に自分の考えを伝えること。おろそかにしてはいけない

それでも、書けない子、やるのが嫌なお子様には、どうして文章を書くことが必要なのか。どうして今、ここで作文を習うのかをはっきり説明しています。理由は、いやいやながらやってもお子様の頭も心も閉じたままで時間の無駄になってしまうからです。いわゆる「勉強」はお子様にとって楽しいものではありません。その気持ちを分かった上で、もし保護者の方のご意向で当教室に通っていただく場合、「お母さんは、○○君のこと、とっても頑張っているってほめていたよ」「きちんと結果を出して安心させてあげようね」などとお子様にお伝えします。「それって、国語の成績や作文の指導になにか関係があるの？」と思われるかもしれません。日々、宿題や課題、習い事で結果を出すことに追われるお子様の気持ちを考えると、意外とその部分は見落とせないのです。また、指導者という立場の私たちや、日常的にそのお子様に寄り添っている大人の方が「大丈夫。書けるようになる」と言い切り、書けるようになることの大切さを伝えることは重要です。加えて、確実にご家族が応援してくれるということを理解することで、やる気や学習意欲が上がります。

いかがでしょうか。これ以外にもいろいろな考えがあるのですが、ちょっと変わった理念かもしれません。でも、間違ってはいないという確信があります。この信念で、ここまでこの教室は拡がってきました。

文章を書くということの第一義は、相手にわかりやすく伝えること

ここからは、文章を書くということについての定義についてお伝えしたいと思います。**私は文章を作るということの「意味」を大切にしています。何のために人は文章を作るのか、と一言でいえば、「伝えるため」。**それは私たちの本能であり、人とコミュニケーションを取るために必要なことです。人は一人では生きていけないように生まれています。生まれてから二十年近くを自立して生きていくことができない私たち人間は、家族や友人と生きていくように作られています。**そのために必要なことが、「伝える」ということであり、伝える表現の中の一つの種類が文章です。**

単に伝えるということで言えば、会話をして「話す」ことや、抱きしめる、握手をする、顔をしかめるなどの「身体表現」があります。それ以外にも、日本人であれば「空気を読む」などの微細な能力も備わっているのではな

文章を作るということの意味

書くことは**要約**であり
コミュニケーションであり
伝えるという**自己アピール**である

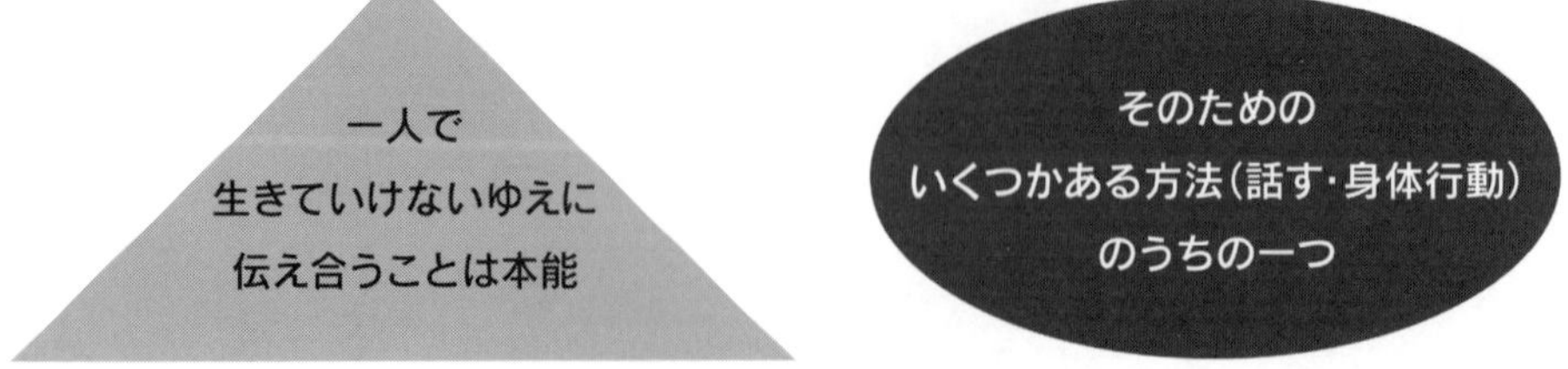

一人で
生きていけないゆえに
伝え合うことは本能

そのための
いくつかある方法（話す・身体行動）
のうちの一つ

いでしょうか。「書く」ことはあくまで、その中の一つであるわけですが、そこにはそれぞれの役割があります。

文章の重要な役割とは、「要約」です。例えば、試験。なぜ受験も、就職活動も、作文や論文で試験をするのでしょうか。就職活動で最初のエントリーは志望動機や履歴書などの文章です。理由は明白です。それは文章の性質が「要約」だからです。例えば、人事部の方が、100人の方の応募書類を見る場合、何とか3日あるとして、同じ情報量を100人の人に会って話をするとなると、少なく見積もっても一週間以上かかります。ですから、**文章を書くときに大切なのは、要約力です。**

自分の伝えたいことを、まずはご自身で**しっかり要約できるようにしておくと作文はうまくなります。**

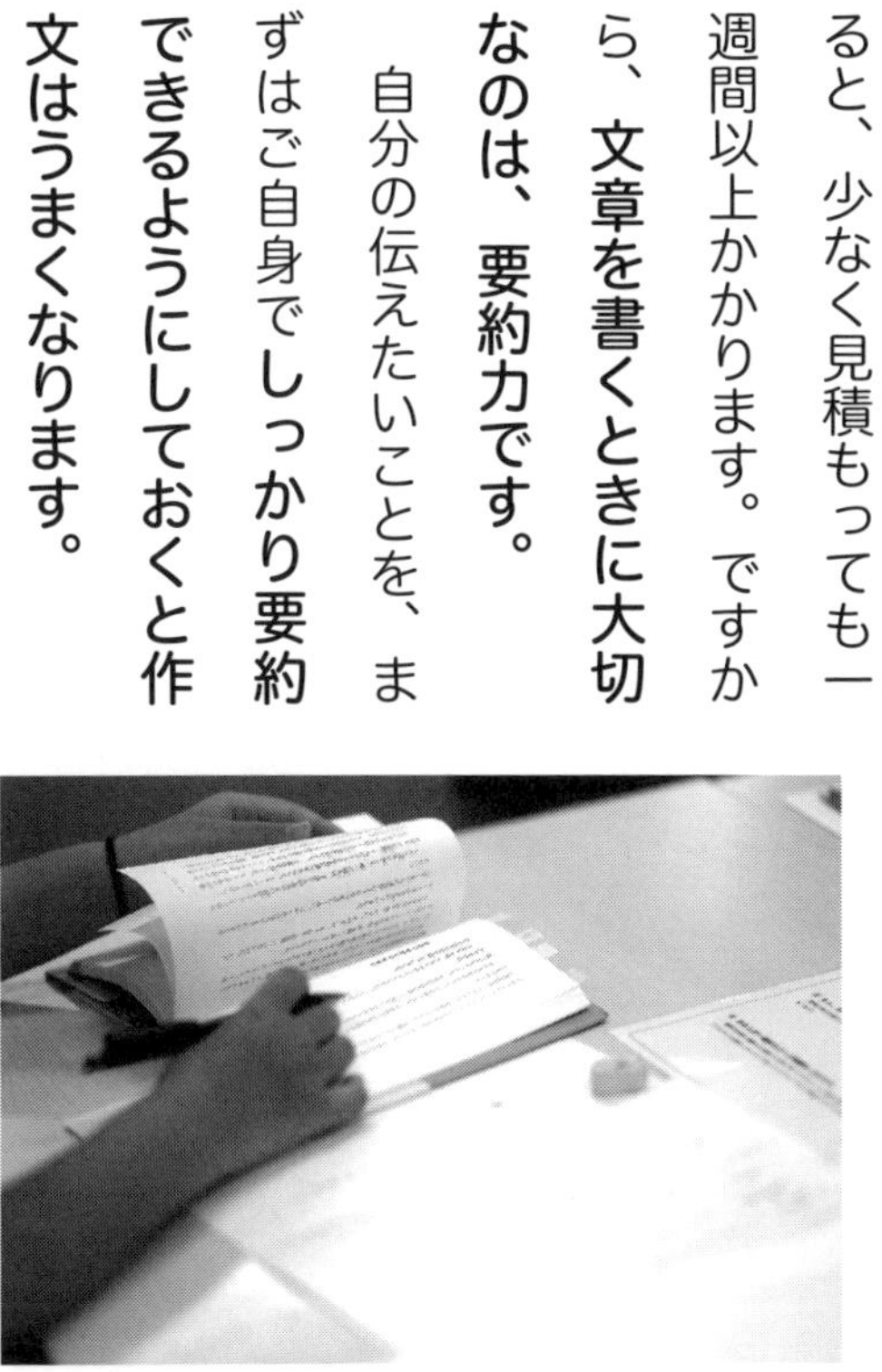

作文がうまくなる3か条

1. ✕話し言葉 ○書き言葉
2. ✕くりかえし ○言葉のいいかえ
3. ✕長すぎる文 ○短く切る

うまい作文の正体は何か。答えはあるのか

まずは、絵画で考えてみましょう。ピカソ、ダリ、ゴッホ。作風は全く異なっていますが、どの絵画も素晴らしくて、実際に世界中で認められて時代を超え多くの人々に賞賛されています。実は、作文も、これと同じで、作風は十人十色、答えはないと思っています。私が30年、ライターや作文の指導者として生きてきて思うのは、**答えはないし、良い作品を作るということにおいて、キリもない**のです。だからこそ難しくて、作るのは苦しいです。

では、暗中模索なのかというと、そういうことでもなくて、様々な作家の方や評論家の方が、それぞれの言葉でおっしゃっていますが、私なりの結論はあります。私は、読み手に「伝える」ことを一番の定義として、わかりやすい文章を書くこと、そして、その上で**読んだ人に「納得」か「感動」を与えられる文章が、うまい文章だ**と考えています。

うまい作文の正体

正しい答えはない。キリもない。

読み手に伝えられる文章

「書かせて、添削」はそもそも指導ではない。考え方の確認と見本の提示が指導

日本の作文指導のほとんどは「まず書きましょう」がスタートです。個人の力に頼って、「書かせて」、そして、一生懸命頑張って書いたものに、「添削」というダメ出し。それも、多くの添削指導の書き込みは、「？」「どんなふうに？」「矛盾しています」などのコメントが書いてあるだけで、**どのように書くことが正解なのか、的確な指摘や答えを誰も書いてくれません。このやり方でできるようになる生徒は、よくて1、2割です。**だって、書けないのに、書き方の指導がないのですから、書けるはずがありません。そこで、書けなくて困っているお子様に寄り添いながら、私が自然にやってきたことが、現在の、このやり方です。**あおぞら作文メソッドでは、四つのステップを経て、作文指導を行います。**

①まず、何を書きたいのか、お子様から聞き出します。課題に対してどんなことが書けそうか、レポートで

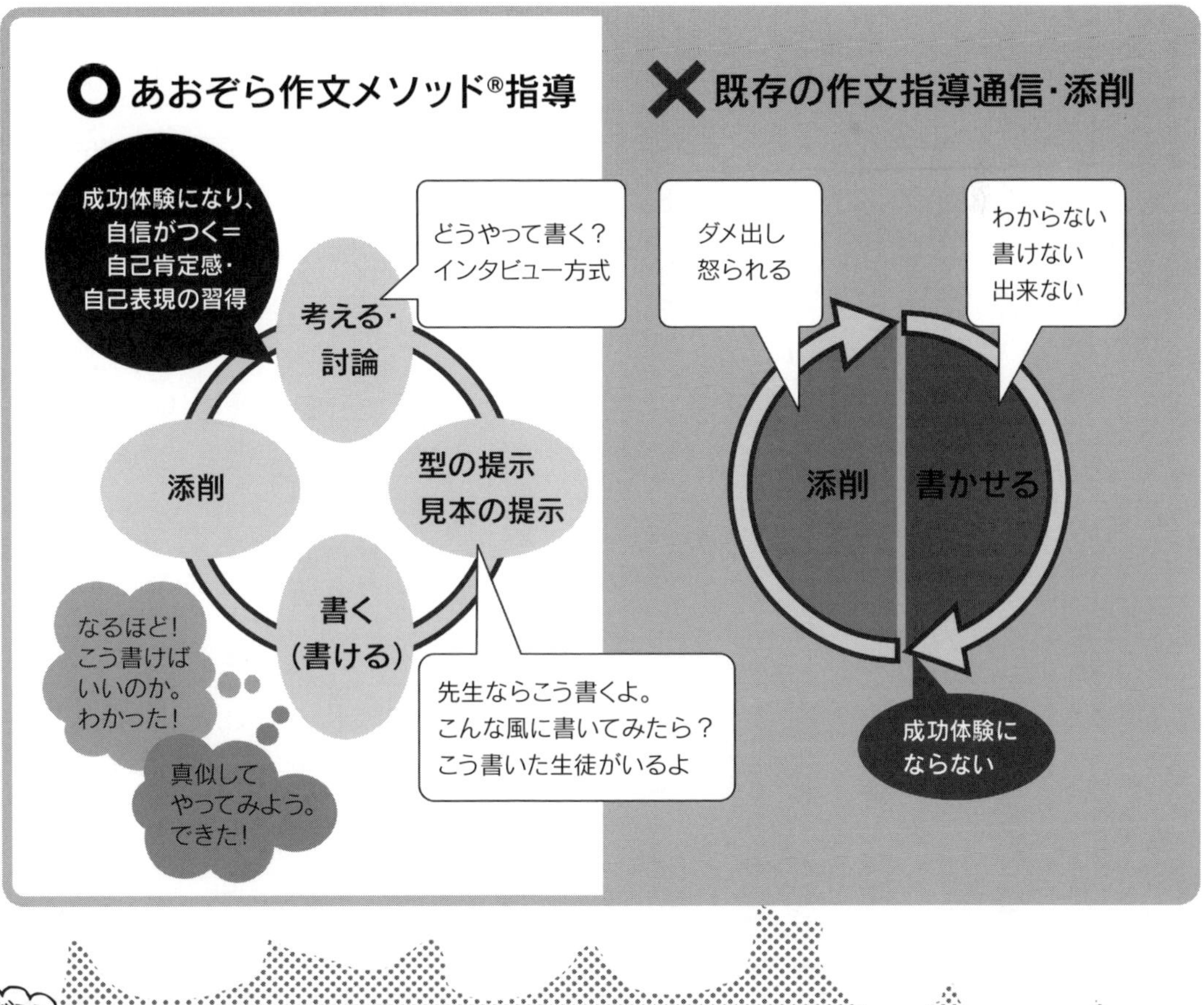

あればどんなことをテーマにそれに対する考えはどのようなものにするのか。書くことの要約でもありますね。**インタビュー方式と言っていて、何が書きたいのかを寄り添いながら一緒に見つけていきます。**

②これができたら、**次に書き方の見本の提示をしていきます。指示と言ってもいいです。**①の段階で出てきたエピソードを最初に書くのか、具体例として書くのか、など指示をしていきます。「初めに○○のことを書こうね、次に、さっき話してくれたサッカー部の部長になった時の話を具体的に書いて、その後、他の意見を書いて、最後にまとめとして、○○を繰り返しにならないように注意して違う言葉で書きましょう」といった感じです。

③ここまで一緒に考えをまとめてから、「どう、書けそう?」と質問します。「やれそう」というお子様にはそのまま書いてもらいます。**ここでも不安そうな場合、弊社では、回答をみてもいいよ、と見本の提示をしています。**第3章の意見作文の解答例の部分ですね。回答を見てから、**「なるほど、こんなふうに書くこともできるんだな」と納得してからの方がより自分の意見をうまく表現できるお子様もいます。**そのこと自体全く悪いことではありません。

スポーツで考えてみましょう。サッカーでも野球でも、みなさん、好きなプロ選手を見て真似をしますよね。どんな形でキックをしたら強く蹴ることができるのか、どんなフォームで投げたら速い球が投げられるのか。研究して真似をします。それと同じで、良い文章の見本を見て、それを参考にして書くことはむしろ良いことなのです。

④ここまできて、書いたものを添削します。よりよく書くためにはどうしたらいいか、○○さんには、こういうクセがあるから、ここは気をつけないといけないなど、**お子様の特徴に気をつけながら、語句の使い方の違いやニュアンスの違いなどを指導していきます。**

第1章　作文がうまくなる3か条を守るだけ

添削は難しく考えず、

ようやく添削をする段階になりました。よく、作文の添削って何をしたらいいかわからない、というご質問をいただくのですが、**まずは、3か条に関してしっかり直してあげてください。**直し方もさっぱりと「ここは話し言葉だから、こっちの方がいいよ〜」「これは、誰がやったこと？　なるほど、それならここに、『お母さんが』って入れた方がいいね」などと説明しながら添削してあげてください。それだけで1段階グレードアップできるはずです。もちろん内容のこともありますが、3か条をチェックして、**足りないところには具体的に相手に伝わるよう様子や心情、誰が、何を、または数値や場面をしっかり描写するように添削してあげてください。**

作文がうまくなる3か条

1 ✕話し言葉 ○書き言葉

2 ✕くりかえし ○言葉のいいかえ

3 ✕長すぎる文 ○短く切る

こんな裏技も！

家族旅行や里帰りなどに合わせた本選びをすることによって、読書感想文を書きやすくすることもできます。本編で述べたように1200～1600字という大量の文を、読んだ本の感想だけで書くことは、不可能です。本来、お子様にとっての感想は、「おもしろかった」「かわいそうだった」「すごかった」の言葉に集約されていますので、長い文章にすることはとても難しいことです。

そこで、旅行や家族行事と感想文の本のテーマをそろえることで、1200字の半分程度を旅行のエピソードで埋めることができます。例えば、訪れる土地の名士が、伝記に出てくるような人である場合や、単純に、世界遺産などの場所でもいいです。**静岡に行って富士山に登る旅行をするなら、富士山のごみ問題に取り組んだ人の本を読書感想文の本に選ぶという組み合わせですね。**また、逆に、お子様がすでに読んでいたり、興味のある本に出てくる場所や、ゆかりのある地域に、旅行に行ってあげることも効率的ですね。**アニメの聖地巡礼も流行っていますから、原作が本でアニメになったような物語も、良いですよね。**

「例」 歴史上の武将の土地を訪れた場合

❶まずは、その城はどんな武将が建立してどんな特徴があるのかなどを、パンフレットやネット情報の中から書いてまとめます。

❷その武将の伝記から、本を読んでわかったその武将のすごいところなどを振り返ったり、まとめて書くことができます。ここまでに600字～800字程度は書けているといいですね。

❸そして、残りの600字程度は旅行中のエピソードを書きます。「この夏休みに、ぼくは家族旅行で、○○○○が建造した△△城へ行ってきました。その日はとても晴れていいお天気で、本の中に書かれている××の高台から城下を見下ろすと…」などと、旅行で得た知識や経験、五感で感じたことを思ったように書けば、文字数達成です。

読書感想文は、旅行や家族行事と掛け合わせて書きやすくする

例えば、旅行ではなくても日帰りのお出掛けも材料になります。ディズニーランドもUSJも、創設者ウォルト・ディズニー氏の本やUSJの創設に関する本などを読めば、つなげられます。ぜひ、夏休み・冬休みは、「効率よく読書感想文を終わらせる」楽しい家族行事にしてください！

第6章

読書感想文を書いてみよう

お子様一人でできる宿題ではない

さあ、いよいよ読書感想文です。

ここまで本書に関して一緒にやってきた皆さんであれば、少しだけ楽に書けると思います。ただ、そもそも「読書感想文の宿題」ほど手強いものはありません。毎年、弊社の講師たちとも話をするのですが、本当に大変です。理由は、はっきりしています。子どもたちの書く力の発達曲線に、宿題の**分量が全く合っていないから**です。

読書感想文はだいたい1200字。400字詰め原稿用紙3枚ですよね。約1割程度の言語脳優位の「書くことが大好きなお子様」以外、上手くできない宿題です。

はい。五、六年生でもスラスラ書ける生徒は一般的に1、2割。あおぞら作文教室でも6、7割程度だと思います。感想を伝える作文の文章として、適正な分量を言うならば、**私は小学校三年生であれば300字、四年生が400字、学年×100文字が丁度良いと思っています。**三年生がその4倍も書かなければいけないということは、お子様本人が、一人でできる宿題ではありませんよね。

書くことに苦手意識を持たせないことが大切です

これまで本書でしてきたような基礎のトレーニングは、学校や塾にはありません。そんな基礎トレなしに、「さあ、やりなさい」とばかりに、夏休みに長文を毎年書かされるのですから、親も子も困惑してしまいます。

実践者の私が、これまで授業や面談、研修などでお話をした日本人の多くの人たちが、文章作成に「苦手意識」や「嫌だ」と言う印象を持っています。

私は、幼少期に長い文章を自分で書かなければいけないことが、その原因の一つなのではないかと思っています。もちろん、読書感想文が悪いのではありません。自分の感じたことや意見を書くことは大切なことで、この感想文を書くことを通して、お子様はたくさん成長します。だからこそ、私たち大人が寄り添い、**楽しく終わらせたい**宿題です。

書くことを嫌いにさせないために徹底的にサポート

ですから、**まず大人の方に考えていただきたい一番大切なことは、書くことを嫌いにさせないこと**です。もうそれだけで十分です。本書に読書感想文の章を作ったのは、感想文を書くことを、皆さんに楽しんでほしいという一心です。指南書は山ほど出ていますが、なかなか、これなら簡単に書ける！　というものが少ない気がします。そして、私のように根本に「お子様が書くことを嫌いになる原因なので、徹底的に手伝ってサポートして、簡単に済ませてください」とは言っていません。嫌いになってしまったら、その先に、国語嫌いが待っています。

お子様は、一度嫌いになると、自分から脳の扉を閉じてしまいます。そもそも難しい宿題のために、その後、大学まで確実に学ぶ国語力・読解力・書く力に対する苦手意識を持たせるなんて！　本当にもったいないことです。

高校受験でも600字。大学受験でも1000〜1600字程度

さて、しつこいのですが、ここで受験の際の作文の分量と比較をすることで、お子様の発達段階にあっている分量について説明させてください。**例えば中学受験の場合、東京の公立の中高一貫校受験作文で適性検査があります。そちらは200字程度のものを二つか、400〜440字程度を50分で書きます。**多い学校で500字もありますが、公立の中学校の入試は、全国的に国語が適性検査という作文になっており、これは全国的にもその文字数です。

次に**都立高校推薦入試を始めとする高校受験の作文や小論文の場合ですが、ほとんどが400~600字です。**偏差値によっても異なりますが、要約150字と意見450字など合計で600字になるように設定されていたり、一つのテーマに600字、または資料を読み取って200字と、その解決策を400字というものもあります。**大学入試でも、論文は基本的には1000字~1600字が中心です。**もちろん学部によって3200字などの多いものもありますが、文芸学部などで、その場合は倍の時間があてがわれていることが多いです。

このように、受験で文字数としてふさわしいとされている分量を考えてみると、様々な作文課題の量がいかに多いのか、と言うことがお分かりいただけると思います。小学生に、高校生の数学の大問を解けと言っているようなものではありませんか。

その上、「感想」を書くだけでは、良い感想文は出来上がらない

しかも**もう一つ大きな間違いがあります。**これも夏休みの講習などでお伝えしていることなのですが、**読書感想文は、「感想」を書く文章ではないという誤りです。**名前がおかしいんですよね。私は、「読書分析文」を求められていると思っています。読書感想文と言う名前が付いていますが、実際には読書に対する感想だけで1200字も書けません。いわゆる「感想」を、小学生が文字にするとどうなるかというと、「面白かった」「すごかった」「かわいそうだと思った」などの一言になってしまいます。

多くの子どもたちは、これで困ってしまうのです。これは当然で、実際に感想だけで書いたとしたら、その字数は**大人の私たちでも200字位が限界**なのではないでしょうか。それで、あらすじをたくさん書いてしまうんですよね。

では実際には何をするかと言うと、読書をした作品に関して**分析をして書く読書分析文だと言って過言ではないでしょう。**またはそれに対して自分がどう思ったか考えを書く。読書分析文または読書意見文と言うのが正しいです。感想、

と言われるから感想を出そう出そうとして苦しくなる。成長していく過程や、本の中の主人公や出来事が成長していく様をしっかりと見つめて、書けば良いのです。こんなに書くと、「読書感想文」を真っ向から否定しているように聞こえるかもしれませんが、やらなくていいとは思っていません。

夏休みという時間のあるときに、ご家庭や指導者とともに、あれこれと考えを巡らせながらお子様がその本を読んでどう感じたのか、どう考えたのか、そしてどんな行動を起こそうと思ったのか、そういったことをしっかりまとめるにはとても有意義な課題だと感じています。**だからこそ、正しく楽しくやってほしい**というのが私の願いです。

200字の塊を6個作るという考え方で楽しく書く！

さて、ここまで100字200字トレーニングをしっかり積んできた私たちですから、もう怖いものはありません。考えてみてください。**1200字と言う文字数は200字の作文が書ける人にとってはそれを6回繰り返せば終わります。**

400字の作文が書けるようになっているお子様に関しては何かテーマを三つ見つけてそれを3回です。理論上はそうなります。ですから、本書では弊社が使っている読書感想文書き出しシートで書きます。書き出しが作られていますので、その書き出しについて6個を選んで書き進めていくと理論上1200字の読書感想文が終わります。ただ並べ方によっては変になってしまうものもありますし、逆に、書き出しが付けられていることで型にハマって全く書けなくなってしまうお子様もいますので、使用には十分お気をつけください。

まずは、どの書き出しだったら書けそうか、主人公と同じような体験があったか、などお子様に確認していただき、これなら書けそうというものから書いていくといいかもしれませんね。それぞれ書くことが異なりますので、必ずしも完成できるとは限りませんが、この書き出しシートがあることで、かなり取り組みやすくなるはずです。

読書感想文 200字×6個 チャレンジ編

いよいよ最難関ステージです。最近は、必須ではない学校も増えてきて、少し楽になってきましたね。でも、まだまだ夏休みの宿題として保護者様に丸投げの小学校も多く、1年生から感想文の宿題が800字も出ている場合があります。また、小学校では感想文がなかったのでのんびりしていたら、中学校からいきなり2000字で原稿用紙5枚というケースもありました。もちろん、現代はチャットGPTなどの生成AIに作ってもらうこともできますが、**頑張って書く練習をできるのは小学生のうちです。一緒に取り組んでいきましょう!**

この章の本文でも述べましたが、私がさまざまな公的機関や地域の感想文講座でいつもお伝えしているのは**「読書感想文」は、本質的にその名前がまず間違っている**ということ! 「感想」だけで1200字や1600字は書けないからです。そして、各種の読書感想文コンクールの受賞作品を見ていると、そのどれもが感想やあらすじを書いていません。「え、感想を書くんじゃなかったの?」と驚きますよね。では、何を書くのでしょうか。

読書感想文は、**実質は「読書分析文」なのです。**読書をして、その本に関して分析をし、また、その本を読んだ際に起きた自分の感情を分析し、かつ、その後、自分の行動にどんな変化を起こそうと思うかを書くことが必要です。「感想」などというふわっとした、誰が何を書いてもいいようなことではありません。実際には自分のこと、自分の体験、自分が考えたこと、を書きます。名前と、実際にやるべきことが違っているから、難しいし、訳がわからなくて書けないんですね。自分のことをたくさん書かなければいけないのに、感想を書けという名前。最大の矛盾点です。だから、あらすじと感想を書いてしまうことになるんですね。それを払拭すべく、この章では、誰でも簡単に、200字のかたまりを作ってまとめていくあおぞら作文メソッドをご紹介していきます。シートを活用して、ぜひ、取り組んでみてください。

書き出しシートの並べ方

200字(30分)×6回＝1200字(最低3時間)

※書く内容は本によって、全く変わります。一般的な例です

❶書き出し(問いかけ・会話・自分の経験)
❷あらすじ(200字以上は書かないように!)
❸印象に残った場面(自分が感じたこと中心)
❹重要な場面(主人公やその本にとって)
❺自分の経験(本と重なる部分)
❻考えたこと(変化を書く、本がきっかけで、行動しようと思ったこと)

	スラスラ 書き出しシート⑩	スラスラ 書き出しシート⑨	スラスラ 書き出しシート⑧	スラスラ 書き出しシート⑦	スラスラ 書き出しシート⑥	スラスラ 書き出しシート⑤	スラスラ 書き出しシート④	スラスラ 書き出しシート③	スラスラ 書き出しシート②	スラスラ 書き出しシート①
スタート	○	◎	×	×	×	◎	◎	△	◎	×
中央	◎	○	○	○	○	○	◎	◎	○	○
ラスト	△	×	◎	◎	○	○	×	△	×	×

自分の経験 ⑤ ⑨
自分の考え ④ ⑦ ⑧
主人公の気持ち(筆者) ③
主張の要約 ⑥ ⑩

読書感想文がうまくなる4つの要素

自分の経験
自分の考え
主人公の気持ち(筆者の伝えたいこと)
主張の要約

実践　模擬作品と一緒に、読書感想文を作ってみよう！

例えば、仮にこのようなストーリーの本を読んで、読書感想文を書くことになったとします。

題名　ぼくの早起き　14days（小学生向け　あらすじ）眞野　玲子・作

主人公のケンは小学校5年生。気の弱い優しい男の子です。あまり運動が好きではないし、人と競うことも好きではありません。

小学校で秋になると毎年、縄跳びの大会があります。二重跳びや後ろ二重跳びの連続回数を競います。「オレ、三十回！」「私は三十五回。いつもできるもん」などと嬉々として回数を競う友達たちに、いつも気後れしていました。いつもは、優秀者が廊下に張り出されるだけなので、ケンは「別に頑張らなくてもいいや」と思っていましたが、実はケンは二重跳びを連続で飛べたことがありませんでした。いつも一回をやっと跳ぶだけです。そんなある日、新しく赴任してきた校長先生の鶴の一声で、学校チャンピオンを決めるために、全校生徒でトーナメント大会が行われることになったのです！

全校生徒の前で、各学年の全員が対戦して勝敗を決めるシステムです。ケンはいきなり憂鬱になりました。翌朝、おなかが痛いから学校に行きたくない、というケン。保護者会で縄跳び大会が行われるのを聞いて、事情を察したお母さんが声をかけてくれました。「どうしたの？　縄跳び大会が嫌なの」お母さんはケンの気持ちに気付いていてくれたのです。ズバリと言い当てられて、ケンはポロポロ涙が溢れてしまいました。「やりたくない。できない…」そう本音を漏らしたのです。

すると、明るくて元気なお母さんは、「そんなふうに決めつけなくていいよ。跳べるようになる。明日から一緒に練習しよう！」と言って毎朝、三十分早く家の前の空き地に集まって練習をすることになりました。山あり谷あり、他の生徒に「ずるい」と言われたり、寝坊したり、台風の翌日にズル休みをしたり、お父さんに朝練を反対されたり、色々ありましたが、ケンは二週間ほど練習をやり続けました。仲間も増えて、4人で猛練習を続けます。そして、大会当日。緊張もピークでしたが、なんと十五回を飛べるようになっていたのです！　そして1回戦を突破しました。

次の試合も勝ち抜き、準々決勝の試合で、ケンはなんと三十五回を跳びました。二重跳びが得意な（自慢げにしていた）みな子ちゃんと同じ回数です。優勝はできませんでしたが、学年のベスト8に入ります。

さて、これは典型的なサクセスストーリーです。お子様にとっては感想文を書きやすい物語ですね。⑴初めはできないことがあった主人公が、⑵事件に遭い（全校生徒でトーナメント大会がある）、その事件を通して成長します。事件を通して、⑶悩み苦しむのですが、努力や切磋琢磨して、⑷自分の苦手なことを克服している（成長）ところが王道ですよね。私が創作した物語です。この模擬作品を、前述の読書感想文書き出しシートに当てはめて、書いてみましょう！

例文1

まず一つは、書き出しシート⑤や③を使って、まずは自分と主人公が重なるような体験をガッツリ書いていきます。200字に収まらなくてもいいですね。その後、あらすじ、または、①②④などを書きます。　例えばこんな感じです。

スラスラ 書き出しシート⑤

私にもこの主人公と同じような体験があります。私は4歳の時からチアダンスを習っています。姉が習っていてその姿に憧れて私も始めました。最初は、両手を上げたままするターンがとても難しくて、ずっと苦手でした。発表会までにできるようになりたくて、毎日夕食前に1時間、姉に頼んで一緒に練習をしました。そのおかげで、ターンをとてもきれいにできるようになり、発表会本番では、センターでおどることができました。

[200字]

スラスラ 書き出しシート③

もし、私がこの本の主人公（登場人物）だったら、縄跳びが上手な人にコツを聞いて練習したいです。がむしゃらに練習するより、早く確実にうまくなれると思うからです。サッカーを習っているのですが、シュートがなかなか決められない時がありました。一人でずっと悩んでいましたが、ある日コーチにアドバイスをもらって、その通りやってすぐにできるようになりました。それからは、上手な人のアドバイスを聞くようにしています。

[200字]

例文2

もう一つの書き方は、書き出しシートの②や④などを使って、一番いいシーンから書きます。

スラスラ書き出しシート②

私がこの本の中で一番強く印象に残った場面は、気が弱くておとなしかったケンが、お母さんに、泣きながら「悔しい！」と告白する場面です。この物語を読み始めた時、ケンはとても優しいし、みんなに何か言われても怒らないので、おだやかな性格だと思っていました。でも、それは違っていました。いつもは何も言わなくても悔しい気持ちや怒る気持ちを出さずにいる人もいるのだなと感じました。

［200字］

スラスラ書き出しシート④

私が一番好きだった場面は、ケンが悔しい気持ちをお母さんに打ち明けることができたところです。本を読み終えてから、表紙のしかめ面をして歯を食いしばっている男の子が、この時のケンなのだと気がつきました。

スラスラ書き出しシート①

私がこの本を読もうとしたきっかけは、この表紙の男の子の顔が気になって、早起きと何の関係があるのか知りたいと思ったからです。私も縄跳びが苦手なので、この本を読んで少し意識が変わりました。

［200字］

スラスラ書き出しシート①

私がこの本を読もうと思ったきっかけは、

［200字］

Xお母さんにすすめられた　X推薦図書だから　など受動的な理由はせっかく書いてもマイナスになってしまいます。そうではなく、

◎テニスが好きで興味があった　◎図書館でタイトルがすごく気になって思わず手に取った

◎自分の好きな作家の本だった　など、自発的な理由にしましょう。

プラス　これを全体の書き出しにしている人が一番多いと思いますが要注意。これを書き出しにすることは、お勧めしません。全体の真ん中に入れる方が「うまく」みえます。つまらない内容であれば使わないか、内容は主体的なものにしましょう

スラスラ書き出しシート②

私がこの本の中で一番強く印象に残った場面は、

［200字］

Xお子様に選ばせると、話の本筋に全く関係ない場面を選ぶことがあるので注意します！
X好きな場面を選ぶ　ではなく、その本の中で
◎一番大事なところや悲しい・楽しい・感動するところ
◎主人公が変化するきっかけ　◎筆者が伝えたいところ　など、大事なことについてその印象を書きます。

プラス　物語の重要な場面に対する感想を、いきなり書き出しとして書き始めることができ、力強い印象になります。感想ではなく、その場面を読んだとき、どんなふうに心が動いたのか、自分の気持ちや感情に寄り添って詳しく書くことが大切です

スラスラ書き出しシート③

もし、私がこの本の主人公（登場人物）だったら、

［200字］

主人公が行動している場面について、自分だったらどうするか、考えてみましょう。
同じようにできる？　できない？　その人のどこがすごい？
一人でやったの？　仲間はいた？　など、自問自答してみます。
主人公が勇気を持って踏み出したところ、努力したところ、などを見つけるといいですね。

プラス　多くのお子様が「自分は主人公と同じようなことはできない、すごい」という感想になりますが、そうではなく、課題・解決・提案の視点で、自分だったらその課題をどう解決するか、を考えて書くと、とても充実した内容になります

スラスラ書き出しシート④

私が一番好きだった場面は、

［200字］

物語の主旨に関係あるところにしましょう。

X最初に海に行くシーンがあってその挿し絵がきれい　X魔女のレシピが書いてあるページ

X変顔をしたところが面白い　など、お子様が選ぶと単に好きな場面になりがち。

◎物語の重要な場面で、主人公の成功など物語の中心となる場面にします。

プラス　単に「好き」なところで自由に書けるシートです。シート②⑧などのように重要な場面ではなくて良いので、原稿量を増やすために、面白かったところや主人公の長所が表れている場面で書き、1200字に到達するための調整に使いましょう

スラスラ書き出しシート⑤

200字×6個

私にも、この本の主人公と同じような体験があります。

［200字］

ポイント

主人公と全く同じでなくて良いです。
例えば　◎頑張った経験や試合に出て緊張した経験　◎お友達が引っ越してしまった
◎外国に旅行に行ったことがある　◎主人公は剣道だが、自分はサッカー　でもいいですよね。
◎負けず嫌いな性格　◎優しい性格　など、共通点を見つけてそれについて書きます。

プラス　主人公と全く同じということではなく、何かを乗り越える体験であれば「縄跳び」でなくて大丈夫です。掛け算や跳び箱、さかあがりでも、何か自分で努力して、出来なかったことを出来るようにした経験を、たっぷり書いてください

スラスラ書き出しシート⑥

この物語は、○○○○について、○○○○なことが書いてあります。

[200字]

内容と主人公の紹介をしましょう。
あらすじでもありますが、長すぎないように、200字か多くても300字程度にまとめます。
この要約の部分は、四年生くらいまでのお子様では客観ができていないので難しい作業です。
付き添い人の方がインタビュー方式でまとめてあげるといいですね。

プラス ⑥はあらすじを作るためのシートです。200字程度でまとめると良いのですが、客観する能力が身に付いていない子ども時代に、本の要点を捉えて短くまとめるのは至難の業です。大人や指導者がやってあげる方が無駄がありません

200字×6個

スラスラ書き出しシート⑦

この本を読んで、私がやってみようと思ったことは、

［200字］

Xダンスの本だからダンス、ではなく、◎自分も勇気をもらったから、主人公のようにあきらめずに努力する、仲間を作って頑張る　など、概念的なことで良いです。
実際に、自分の学校生活や習い事に重ねて、
◎自分が本に書いてあったことに対して行動してみようと、思うことを書きます。

プラス　その本の作者が何を読み手に受け取って欲しいのか。そこがしっかり読み取れているとこのシートがイキイキします。そして、「実際にやってみたら、こうだった」と行動したことを書くと更に充実した内容になりますね

スラスラ書き出しシート⑧

この本を読んで私が考えたことは、

［200字］

この書き出しでは、✕実際の行動ではなく、◎この本を読んで主人公から受け取った感情や◎本を通して自分の考え方に変化があったか、などについて書きましょう。◎思考力や判断力の部分で、この本によって受けた影響について書きます。この書き出しで、いわゆる◎「感想」を書いてもいいですね。

プラス　シートの⑦⑧は、ラストの段落にするといい内容です。お子様が素直に書くと、物語全体と違ったことを書く場合があります。できれば書く前に「本の内容と合っているか」というシメの方向づけを大人や指導者が確認しましょう

スラスラ書き出しシート⑨

※このシートでは自分のことを書きます。

書き出しの例

❶私は、〇〇〇〇をやっています。

❷この間の発表会では、〇〇〇で、〇〇〇

でした。

❸〇〇〇が好きなので、〇〇〇になれるよ

うに頑張っています。

ポイント

物語の主題と重なる内容の部分で、自分のことを書きます。

この項目に関しては、二〇〇字から最大六〇〇字まで書いても良いです。

知らない方は驚くのですが、選ばれる作品は、自分の経験や考えをしっかりまとまりで書いています。

主人公の成長の方向性に寄り添えるとなお良いです。

［200字］

プラス　ひたすら自分のことを書きます。習い事などで頑張った経験、おじいちゃんが亡くなった経験、農業体験をした、など。実は「感想」ではなく「自分の経験」を書く方が入選します。200字ではなく400、500字と書いてもOK

この中から6つのシートを選んで書いてみましょう。

スラスラ書き出しシート⑩

私がこの本を読んで知ることができたのは、自分〇〇〇〇についての知識です。そして、〇〇〇〇について調べてみました。

[200字]

ポイント

心情ではなく、知識について、書きます。伝記や解説本、動物や地球環境についてなど、本に書いてあった知識や事実を要約します。気持ちや考えを書くことが苦手なお子様は、物語にせず、説明文にすると、その中にある知識の部分で書くことができます。本選びの際に、参考にしてくださいね。

プラス　自分の気持ちや考えを長く書けないお子様は一定数います。「主人公はどんな気持ちだったかな？」「わかんない」「〇〇はどう思った？」「わかんない」。こんな場合は、「お母さんはこうだと思うよ」という見本を提示してあげてください

おわりに

いかがでしたでしょうか？　まずは、最後までお読みいただいた事に、心より感謝申し上げます。

本書を書き始めたときに、最初に感じたのは、

「あれ、書いて教える（表す）のって難しい」ということ。

笑ってしまいますが、それが本音です。考えてみると、これまでの14年間、私は現場で生徒たちに教えていましたが、書いて教えるわけではなく、言葉を使って口頭で説明していたんですね。もちろん見本を書くことや論文指導には自信がありますが、いざ、書籍として「文章」にまとめてみると、思っていた数倍、大変な作業でした。

この書籍は、私にとって第一弾です。その意味では赤ちゃんなので、まだまだよちよち歩きの感じが否めません。きっと、読み返すと恥ずかしくていたたまれない気持ちになったり、直したい箇所が出てきたりするでしょう。でも仕方ありません。それは、私たちあおぞら作文教室は生き物で、そのメソッドも、生徒や時代と共に変わっていくからです。それが、言葉や文章というものの性質でもあります。

また、本書に私が書いたことは、もちろん私の中の正解ではありますが、それが正

しいというものではありません。なぜなら作文の書き方に正解、不正解はないからです。どうか、皆様も寛容な気持ちで、「へー、こんな考え方もあるんだな」と、心においていただければと思います。

この本をスタートに、まずは3冊、発刊する予定です。30年前に出版社に勤めていた頃からの夢、「自分の名前が載った本を出す」という夢が、今、実現しました。これもひとえに全力舎の原口斗州城さんのお陰です。それこそまさに「全力」のサポートを、ありがとうございました。数年前から、やると言ってできなかったことを、原口さんが具現化してくださいました。御礼を申し上げます。そして、最終段階で校正を支えてくれた桐生麻也子さん、ありがとうございました。鋭い指摘が多くあり、非常に助かりました。

さて、「遊び」＋「学び」＝「夢の実現」

この、あおぞら作文教室のモットーが、また一つ実現しました。これまで教室に関わってくださった、すべての講師、生徒様、皆様に心より感謝を申し上げます。

2025年3月吉日

眞野 玲子

眞野 玲子（まの れいこ）
あおぞら作文教室塾長

静岡県沼津市生まれ。

大学受験時、小論文で、第一志望校を含む4校を突破。

早稲田大学スポーツ科学部卒業後、株式会社ベースボール・マガジン社「週刊ベースボール」で雑誌編集記者として活躍。

現地取材、インタビュー記事作成、交渉から校正まで4年半働きまくる。中日・日本ハム担当、アメリカ女子野球なども取材し、社内新人賞受賞。燃え尽きてスパッと退職し結婚。編集プロダクションや出版社の請負い仕事で、自称「名も無きライター」を続けた。この間、ヤンチャ男子、しっかり女子、のんびり男子と、3児の出産と子育てをしながらコツコツまとめ記事や取材記事作成に携わり、1万時間の壁を超え、実力をつけた。また、同時に小学校介助員の仕事を9年間やる中で、教育現場に作文指導の決定的なメソッドがない！と気づく。その頃から知人に求められる形で作文指導に携わり、約2年間大手進学塾でも講師として働く。子どもたちの立場にたった作文指導がない現場を変革したく、一念発起。子どもたちに寄り添い、「楽しく書く！」ことを追求する「あおぞら作文教室」を設立。「遊び＋学び＝夢の実現」を理念として、口コミから評判が拡がり生徒が徐々に増加。2016年に法人化し、2018年、あおぞら作文メソッド®が「子どもたちの思考力・判断力・表現力を高めるための教材作成事業」として足立区創業プランコンテストを受賞。その後、読書感想文や起業セミナー、キャリア教育講座や文章研修など、様々な行政の仕事など委託するようになる。研修セミナーでは、東京信用保証協会助成金セミナー、中小企業診断士中央支部の文章研修講座など独自の視点でのテキストコミュニケーション研修を行う。現在は、種々なセミナーを行いつつも、現場指導を最も大切にしている。

本拠地の足立区五反野本校を含めて、現在のクラスは、早稲田・阿佐ヶ谷・成城学園前・南千住・勝どきなど都内6カ所。

作文がうまくなる魔法の3か条

2025年3月10日　初版発行

編著者	眞野 玲子
編集協力	桐生 麻也子
撮影	大泉 佳奈子
発行者	原口 斗州城
発行所	全力舎 〒262-0033　千葉県千葉市花見川区幕張本郷 3-30-4-602 電話　070-9306-0346　　Fax　050-3101-5907 メール　haraguchi@zenryokusha.com

装丁・イラスト・DTP	株式会社 毎栄
印刷・製本	モリモト印刷株式会社

◎落丁・乱丁本はお取替えいたします。

ISBN 978-4-911287-03-3